广播影视类"十二五"规划应用型教材

总主编　高晓虹

TV NEWS GATHERING AND WRITING

电视新闻采访与写作

主　编　田建国 任翠英
副主编　薛　澈
编　委　刘万军 连小青 谢东华

中国传媒大学出版社
·北京·

广播影视类“十二五”规划应用型教材
专家委员会

（以姓氏笔画为序）

广播影视类“十二五”规划应用型教材
编辑委员会

（以姓氏笔画为序）

序一

应用型高等教育作为高等教育发展中的一个重要类型，肩负着培养面向生产、建设、服务和管理第一线需要的高素质应用型人才的使命，在加快推进社会主义现代化建设进程中具有不可替代的作用。

近年来，随着我国新型工业化、建设社会主义新农村和创新型国家对高技能人才要求的不断提高，应用型高等教育既面临着极好的发展机遇，也面临着严峻的挑战。现实形势要求应用型高等教育必须体现时代精神和社会发展要求的人才观、质量观和教育观，改革与构建适应经济与社会发展需要的专业方向、专业结构、课程体系、教学内容、教学环节、教学方法以及教学手段，全面提高教学水平，在教学中充分体现“应用”二字，强化学生职业素质与职业能力的培养。

在应用型高等教育中，课程建设与改革是提高教学质量的核心，也是教学改革的重点和难点。根据技术领域和职业岗位（群）的任职要求，参照相关的职业资格标准，改革课程体系和教学内容。建立突出职业能力培养的课程标准，规范课程教学的基本要求，提高课程教学质量，是应用型高等教育深化内涵建设的必然要求。

基于上述应用型高等教育的发展要求，我们组织编写了本套丛书，把工学结合作为应用型高等教育人才培养模式改革的重要切入点，带动专业调整与建设，引导课程设置、教学内容和教学方法改革，并积极推动高等院校与行业、企业合作开发课程，抓好知识目标、能力目标和职业目标等三个关键环节的落实，探索任务驱动、项目导向、理实一体、岗位实践等有利于增强学生职业能力的教学模式。并从适合应用型高等教育需求这个角度，做了以下尝试：

首先在课程设置上，针对专业所在的职业领域，邀请企业的技术骨干、人力资源管理者及行业专家和院校的骨干教师，通过访谈、问卷和研讨，确定职业岗位对技能型人才在知识、技能和职业素质等方面的具体要求，结合目前专业教学的现状，共同分析讨论课程的设置，通过科学合理的课程布局，对课程进行了合理的调整，确立了课程门类及教学内容。

其次在编写思路上，依照电视节目制作的认知规律和行业岗位的要求，构建由浅入深、循序渐进、基于工作过程的写作框架；按照学习的循序渐进性，梳理出相关课程的知识点；在每个学习单元的写作上，由任务驱动导入知识和技能点，再用工作任务、项目实践巩固知识技能，使用精准的知识点和针对性强的项目实践训练，有效地将知识转化为技能；并始终贯彻符合电视节目制作工学结合的教材编写理念；注重知识点、单项技能训练和以项目为实现目标的综合技巧训练相结合，突出两者之间的内在联系，让这些知识和技能在项目实践中有效融会贯通。

再次在编写人员构成上，充分发挥跨地区、跨院校教师之间、院校与企业之间的团队协作，校企合作，校际联合共同开发教材。丛书的作者大都是长期从事专业教学、研究和实践，积累了一定的教学和实践经验的院校教学人员、企业、专业机构资深的工作人员。他们在对教材编写现状、学生岗位能力要求进行充分调研的基础上，吸收第三方社会调查机构的相关评价，制定职业能力培养的课程标准，规范课程教学的基本要求，并根据课程标准和要求进行教材编写，充分体现应用型高等教育的专业性、职业性与岗位性等特点。

最后在教学的积累上，丛书教材以讲义、校本教材或者培训教材等形式已经试用了数年，教学效果良好。同时，教材配有电子教案、课件、课程教学网站、实验素材等，方便随时、随地进行网络化学习的需求。

现在，我们将这套丛书呈现给广大读者，衷心希望教材能在相关课程的教学中发挥积极作用，并得到读者的青睐。我们也真诚希望同行专家和读者予以批评指正，使这套教材在教学实践的检验下，不断得到改进、完善和提高，为中国特色应用型高等教育的课程建设作出微薄贡献。

中国新闻教育学会广播电视专业委员会会长

中国传媒大学新闻传播学部部长、教授

高晓虹

序二

在担任2006-2010年教育部高等学校高职高专广播影视类专业教学指导委员会主任委员期间，我结识了一批热爱高等教育、献身高等教育的仁人志士，并一起努力推动相关专业建设与改革以及教材建设。

教材是保证高职教学质量的重要载体，一直是教指委的重要工作。我先后组织专门的师资力量编写出版了“影视动画专业”、“影视广告专业”、“主持与播音专业”、“新闻采编与制作专业”系列教材。本计划为广播影视类所有专业都编写一套系列教材，由于时间等方面的原因未能实现，深感遗憾。

今天，收到中国传媒大学出版社寄来“电视节目制作专业”主干课程教材编写印刷清样让我指导。我非常兴奋，兴奋的不是因为我水平高，而是感到当初未完成的事业有人继续。详细阅读了出版社送来的所有印刷清样，我认为这套教材有下列几个特点：

一是编写理念新：以校企合作、工学结合、教学做合一等职业教育理念指导教材建设，保障了人才培养的应用性、技能型。

二是编写体例新：以学习目标、任务导入、基本知识、专业技能、实训项目、考核评价为模块进行每一章节的编写，保障了学生学习的系统性和渐进性。

三是风格新：将理论和实践、理性和感性、简明和生动有机融合，保障了学生学习的积极性和高效性。

“电视节目制作专业”主干课程教材的编写，是深化该专业人才培养模式改革的重要途径和成果，也必将为高等院校相关专业人才培养提供有益的参考。

广播影视职业教育教学指导委员会副主任委员

山西传媒学院院长、教授

王建国

前　　言

“电视新闻采访与写作”是广播影视类专业群开设的专业必修课程，是电视节目制作、新闻采编与制作、电视摄像技术、电视编导等专业学习的主干课程。本课程教学旨在培养学生的电视新闻采访能力和电视新闻稿写作能力，力求为电视编导的策划、解说词写作打下基础，也为电视摄像画面的构图能力和后期编辑的剪辑能力的培养做好铺垫。

本教材编写组为保定职业技术学院电视节目制作专业教学团队。保定职业技术学院于1996年设立电视节目制作专业，本专业于2002年入选河北省高职高专教育教学改革试点专业；2007年，经省教育厅专家组评估验收，被确定为“河北省高职高专教育改革首批示范专业”；2011年，被教育部、财政部确定为中央财政支持的重点建设专业。

高职教育要求培养高素质技能型专门人才，在多年的教学改革与实践中，我们发现没有特别适合高职高专的实用型教材。为了能够更好地贯彻高职高专教育理念，能够在短短的课堂教学中让学生学有所获、学有所能，能够真正让学生掌握电视新闻采访与写作的专业技能，我们教学团队编写了此教材。

我们在编写过程中以现代高等职业教育理念为指导，努力做到理论知识适度够用，专业技能过硬，突出综合职业能力的培养。依据学生的认知规律和职业成长规律，按照岗位的工作流程，我们设计了三个教学单元五章。本教材的特色在于一改传统教材以知识体系为主的构架，以工作流程设计教学单元，每个教学单元明确了知识目标和能力目标，每章用案例解读知识点，并设置了实训项目。五章的实训项目是一个连续的工作流程。为了完成实训任务，每章都有理论知识的总结，实现了理实一体和任务引领的教学设计。

本教材以实践为中心，以学生为主体，将理论知识融于实践，让同学们在实践中学习知识、获得专业能力，使同学们在完成实训任务的过程中培养职业关键能力，为同学们职业生涯的可持续发展打下了坚实基础。

本教材适用于高职高专院校的广播影视类专业教学，也可供广播影视行业从业人员以及影视制作爱好者自学使用。

本教材由国家精品资源共享课程负责人、保定职业技术学院传媒艺术系主任田建国教授主持编写，并负责全书统稿。第一、二章由薛澈编写，第三章由连小青编写，第四章由刘万军编写，第五章由任翠英、谢东华编写。

本书中所采用的大部分案例、图片来源于网络，由于不能查到出处，无法一一注明，特此表示感谢。

由于编者水平有限，书中难免存在不妥之处，敬请读者批评指正。

作者

2015年3月1日

目　录

第一单元　我在现场

第二单元　案头准备工作

第三单元 电视新闻写作实务

第一单元　我在现场

电视采访与写作是电视媒体系统工作中的一项基础性工作，它为电视新闻采访工作、电视栏目策划与制作工作以及电视新闻写作工作提供重要的策略支持和智力保障，是电视媒体从业人员必须了解和熟悉的重要工作。在电视采访与写作工作中，按照工作流程可划分为现场采访环节、案头准备环节和电视新闻写作环节。本单元针对现场采访环节重点介绍作为电视新闻采访与写作工作的主体——电视记者，在采访现场系统工作中应该具备的素养、电视记者的职责以及采访时应做好哪些准备。

第一章
成为一名电视记者

学习目标

(一)知识目标

1. 电视记者的工作职责
2. 电视记者的职业素养
3. 电视记者的职业道德

(二)能力目标

1. 能够认识电视记者的岗位特点，树立电视记者工作的自信心和自豪感。
2. 能够明确电视记者的工作职责，学习优秀电视记者的工作态度。
3. 能够理解电视记者的职业修养和职业道德，在坚持职业操守的基础上不断提升自己。
4. 能够领会对电视记者的综合素质要求，在学习与工作中有的放矢地提高职业专门能力与职业关键能力。

要做好电视新闻采访与写作工作，首先要认识这项工作的主体——电视记者。电视记者是电视传媒行业中的典型岗位之一，它与传统媒体记者有着千丝万缕的联系，对传统媒体记者的工作要求、工作特点、工作内容和工作方法有所继承，更有所创新。针对电视传媒的特点与记者工作的要求，电视记者需要具备较强的综合素质和职业专门能力。因此，要想成为一名优秀的电视记者，首先要了解电视记者的工作内容和职业特点。

电视记者是在电视机构从事电视新闻素材收集、整理、制作工作的专业从业人员。与其他传播媒介相比，电视记者更具特殊性。在新闻现场工作的电视摄制人员主要进行信息采集，包括摄像、出镜采访、现场编辑、录音、灯光等，这些工作都属于电视记者工作的范畴。电视行业工作最大的特点是团队协作，针对不同的电视栏目，电视记者的角色有不同的人数变化和组合变化。本章以出镜记者为主，结合其他电视记者的岗位要求，具体介绍电视记者的岗位职责、职业修养和职业道德。

第一节　电视记者的职责

案例：中央电视台驻巴黎记者林文谈采访总统的经历

其实从得到总统府接受采访的确认，到实际采访，也不过两个多星期时间。这段时间，我一边准备采访问题，一边联系技术人员，忙得不亦乐乎。

站里一共两个人，单靠记者站自身力量，完全不可能完成这么重要的一次专访。我只能依靠和我们长期合作的一家法国公司，让公司提供摄像，灯光，音频等技术支持。最后确定了三个摄像，其中两台摄像机分别拍摄我的提问和总统回答，第三台摄像机作为补充，负责拍摄全景画面，以备编辑时需要。

我们约定，采访那天提前两小时抵达总统府爱丽舍宫。

先是选景，大家反复比较拍摄角度，考虑怎样才能把总统的形象最好地体现出来，同时也要保证坐在总统对面的记者背景也不错。最后决定，希拉克总统的背景，以窗外的草坪为主，比较透亮，符合白天采访的特征。当然还需要补光，既突出总统的形象，也使现场感觉更柔和。这个基本方案定下来以后，剩下的事就好办了。我和同事分别坐在记者和总统采访时坐的椅子上，由摄像师和灯光师调试拍摄角度，景别大小，以及光线强弱。技术人员还拿着测光表在我面前比划了一阵。看到他们认真的样子，我的心里也就踏实了许多。

希拉克总统准时来到了大厅，脸上带着微笑。他和每个在场的人都打招呼致意，那份亲切与平和让我感到温暖。

采访进行得很顺利。希拉克总统侃侃而谈，语速不快，但发音很清楚，声音也抑扬顿挫，富有感染力。不知不觉中，我的最后一个问题问完了。

（资料来源:《驻外电视记者:周旋在日常、突发、重大新闻之间》,《中国记者》2009年第6期）

【案例分析】这则案例是中央电视台驻巴黎记者林文谈到的一次采访时任法国总统希拉克的工作经历，从中我们可以了解到电视记者工作的特点，它不仅要求具备记者的基本素质，更要求针对电视媒体的传播特点和电视制作的技术要求进行新闻采集工作的整体统筹和指挥，包括出镜采访、现场拍摄以及相关的很多技术细节的工作。对于现代电视新闻工作而言，一专多能的电视记者日益成为电视媒体工作岗位强有力的竞争者。这里的“专”指作为出镜记者的工作能力，而“多能”体现了电视记者工作的团队协同特点和对出镜记者综合素质的高标准要求。

一　出境采访

案例：张泉灵谈记者经历

在我看来当记者最大的乐趣是能去很多别人去不了的地方，见识很多别人经历不了的事情，认识很多有趣和有意义的人。记者的经历让我有机会以别人生命的感悟和经验来丰富自己的人生。然后用我们被充实的生命去点亮别人。前者是乐趣，后者是责任。

我去了硝烟尚未散尽的阿富汗、生命的禁地夏季的罗布泊、随奥运火炬在海拔5200米的珠峰大本营一住就是将近一个月，从珠峰下来就奔向了四川灾区。一开始都是因为记者天然的好奇心。我想知道多年战乱的阿富汗是什么样子，我想知道夏季从未徒步穿越的纪录是否会被打破，我不想错过中国人把奥运火炬举到世界之巅的奇迹，我更想知道一场比唐山地震影响地域更广的灾难会是什么后果。

我看见了，我被感动了，我要把信息和感动传递给更多的人，这就是新闻工作者的责任。

图1-1　2008年5月18日，张泉灵在四川凤凰山机场采访重伤员转运工作。
（资料来源：特稿《我爱新闻》，《新闻战线》2009年11月）

【案例分析】以上文字是中央电视台著名记者、主持人张泉灵撰写的《我爱新闻》的文字节选。这段文字写出了一名优秀电视记者的切身感受和职业操守。我们从中可以了解到，电视记者的出镜采访是一项具有诱惑力兼具挑战性的工作。这项工作是用记者的脚步丈量世界的空间，用记者的双眼收尽生活的百态，从而让电视观众看到每一个新闻故事发生的现场，感受到每一个新闻事件存在的时空，更加体会到事件背后的人生况味。

案例：柴静谈出镜采访

我又到了一所垮塌的学校，学生在帐篷前升国旗，在帐篷里读课文《我的学校》，用维吾尔语，有人翻译，念的是"我们的学校多美丽"——多么传统、经典的灾后报道啊！我跟着两个学生绕到学校后面塌了一半的房子他们住的地方去看，伸手一摸，被子是湿的——这就是新闻，如果只在鲜艳的国旗下、只在朗朗的读书声中，就摸不着看不见听不到！新闻兜头泼下。我提醒自己，以后除非亲眼所见，否则我不相信。两个月之后，到了《新闻调查》，迎面撞上"非典"，穿上隔离服，进了重症病房。

我终于站在地上，接到了地气。我要找到一句话背后的千百种的成因、千变万化的事实，再不只要别人用一句话告诉我原因是什么、事实是什么。

（资料来源：《掘地三尺挖出湿漉漉的新闻——〈新闻调查〉记者柴静访谈》，《新闻大学》2009年第4期）

图1-2　柴静在《新闻调查——北京"非典"阻击战》中出镜采访（照片来源：央视网）

【案例分析】以上文字来自曾任中央电视台著名记者、主持人柴静的访谈。她通过一次出镜采访的体会谈到了自己从演播室到新闻现场的感受，特别强调了出镜记者的重要职责正是“眼见为实”，用自己的亲身经历、亲眼所见、真情实感去发现新闻、传播信息。柴静最著名的出镜采访就是“非典”时期在《新闻调查》栏目中深入重症病房采访医患。正如上面案例里她所说的：“终于站在地上，接到了地气。”这正是出镜记者工作的写照，是出镜记者不畏艰难险阻的职业操守的表现，更是优秀新闻工作者的工作状态。

二 现场拍摄

案例：冀惠彦谈现场拍摄

2003年，冀惠彦来到战火中的伊拉克，当时各国媒体都捕捉到美军晚上轰炸的画面，但白天轰炸的镜头还没有人能拍到。3月27日，传说美英联军要轰炸新闻中心，在新闻中心楼顶工作的记者们都很紧张。当天下午，空袭警报突然响起，各国记者争先恐后地往楼下跑，冀惠彦的第一个反应就是这是见证历史，拍摄白天轰炸场面的好机会！于是，他逆着人流跑到楼顶的一所小房子上，刚到达那里，他看到距离新闻中心一公里左右的总统府被一颗导弹击中，出于多年的战地采访经验，冀惠彦知道这种轰炸一般都会有两发导弹，他急忙架好摄像机，完整拍到了第二颗导弹击中目标爆炸的全过程。后来许多媒体纷纷转录这个画面，并保证打上“CCTV”的字样，这令冀惠彦非常自豪。

（资料来源:《他无愧于战地记者的天职——记第七届范长江新闻奖获得者冀惠彦》，《新闻与写作》2007年第2期）

1998年12月18日，“沙漠之狐战争”进行到第4天，我们守候在伊拉克国家新闻部新闻中心的三楼平台上，等待拍摄美英空袭巴格达的镜头。入夜，寒气渐渐袭来，气温由白天的20多摄氏度降到5摄氏度左右，被汗水浸透的衣衫，此刻凉冰冰地贴在身上。我们冷得没办法，就原地跑步，可是一天没吃没喝，一会儿就跑不动了。凌晨3点半，防空警报又拉响了。20分钟后，我隐隐听到了飞机的轰鸣声，抬头看见一个亮点在我头顶很远的地方慢慢移动，几乎就在同时，架设在新闻中心楼顶上的高射机枪和附近的高射炮疯狂地吼叫起来，震耳欲聋，脚下的楼板也随之颤动。巨大的火球在离我们不远处升腾，刹那间，火光映红了半个天空。正在打电话联系卫星传送线路的水均益扔下话筒，一步蹿到我的镜头前喊道："大校，快开机！"声音因枪炮声太大听不清楚。我也大叫："别着急，等一个炸点，镜头摇下来再说话。"刚喊到这儿，就见一团火光腾空而起，我把镜头慢慢摇向头戴钢盔、身穿防弹衣的水均益。现场报道中，镜头里突然出现一个火球横着飞过去，水均益冲我大叫："导弹！"我顾不上吭气，屏住呼吸，跟着导弹移动着摄像机，拍到了这个难得的镜头。这次空袭和反空袭的战斗整整持续了45分钟，炸弹落点离我们最近的不到一公里，还有一枚炸弹落在我们住的拉西德饭店旁边200米处。枪炮声最激烈的时候，做完现场报道的水均益跑到我的身后对我说，你没有防弹衣，我来给你挡弹片。当地时间19日凌晨5点，我借着便携式编辑机上液晶显示的微弱亮光，编辑出自己记者生涯的第一条战地新闻。后来我们去CNN机房传送时，几个外国记者挤过来看，并要求复制这个镜头。可一会儿那几个人又不见了，听水均益讲，他们的老板把他们叫去开会了，正狠狠地训他们：中国记者拍到的东西你们为什么没拍到。

（资料来源：《在离新闻最近的地方品味甘苦、享受快乐》，《新闻与写作》2007年第8期）

图1–3　中央电视台赴伊拉克特别报道小组全体成员(从左至右：康锐、冀惠彦、水均益、陶冶、杨小勇)（照片来源：新华网）

图1-4 冀惠彦在巴格达(照片来源:《从伊拉克战场归来的中国记者——访中央电视台高级记者冀惠彦》,《北京档案》2003年第7期)

图1-5 冀惠彦在北川县城做现场报道(照片来源:百度图片)

【案例分析】冀惠彦是中央电视台军事部副主任、著名的战地记者。上述案例介绍了他在战地现场的两次拍摄经历。摄像是电视记者工作中的重要组成部分，也是电视记者的重要职责之一，更是电视媒体的特点体现。摄像记者现场拍摄的原始声画素材构成了电视采访活动中的本体。摄像记者的职责包括熟练掌握摄像的基本技巧，能够及时抓拍现场的人物、环境、细节等因素。摄像师要有很高的随机应变能力和对新闻画面的敏感性。冀惠彦在两次战地新闻报道中充分显示出了电视记者的勇气和智慧，更突出了现场拍摄举足轻重的价值与意义。

图1-6　中央电视台部分摄像记者合影（照片来源：央视记者王玉国的博客）

知识点：电视记者的工作职责

☞ 指挥现场素材的采集和确定节目的整体内容：包含选择时间、地点、拍摄对象，采访的内容和重点；现场拍摄的提纲；决定应变的策略；负责现场资料的搜集；为采访和拍摄做场记。

☞ 出镜采访：运用记者现场口述、提问、肢体语言、表情反应、采访笔记等手段对信息进行全面搜集、整理。

☞ 现场拍摄：运用摄像技术对新闻素材进行形象采集；根据拍摄提纲拍摄新闻画面，随机应变捕捉画面素材；与出镜记者紧密协作，完成采访、交流和报道、评论等工作。

第二节　电视记者的职业素养与职业道德

无论是现场拍摄还是出镜采访，记者都要具备良好的职业素养与职业道德，只有这样才能做好采访工作。

案例：张泉灵谈记者素养

记者：如今，电视新闻现场直播快速占领市场，走进大众，这无疑给你提供了更大的舞台和自我展示的空间。常常看到你马不停蹄地奔赴各个新闻现场进行直播报道，你的那种现场感使人印象颇深：戴着眼镜、不施粉黛、素面朝天……

张泉灵：我是记者，经历是记者最大的财富。捕捉新闻的强烈冲动驱使我从一个现场到另一个现场，从一个未知到下一个未知。不仅自己清楚明白，而且要把我知道的东西，把感动了我、使我兴奋的东西传递给别人、点亮别人。

记者：在海拔5200米的高度主持珠峰报道，连续工作一个月，强烈的高山反应使你的脸一直浮肿，需要安眠药才能入睡；在汶川灾区几天吃不上饭，一跋涉就是十来个小时，还得预防随时可能发生的余震和意外事故；在直播援救幸存者时，在只够一人站立的空间里一待就是十几个小时……这展现了一种职业精神。

张泉灵：别诱导我说出"职业精神"或"社会责任感"之类的大话来。我并不认为自己吃了多少苦，相反这是我的乐趣之所在。如果说我们苦，那受灾的老百姓苦不苦？我们只是一个旁观者和记录者，报道十天半个月之后，我们可以离开让体力和精力得到缓解，而他们却要在那里承受一辈子。与被报道的他们比，我没有权利说苦。那些登珠峰的运动员即使冻坏了双腿还继续着攀登，我又有什么理由放弃？

（资料来源：《我爱直播——张泉灵访谈录》，《新闻战线》2010年10月）

【案例分析】张泉灵谈到自己的从业经历时强调的是职业的敏感性、责任感和记者的良知，这些不仅是记者的素养，更是职业工作者必须具备的基础素质。简单来说，就是工作兴趣、工作激情和职业精神。作为记者，一定要有探寻真相、记录现实、反映民意的社会责任感和专业精神，这也是媒体工作者的基本素养。

案例：崔永元谈记者素养

记者：很多人一听到主旋律、主题性、正面宣传报道，就觉得不好看，您怎么看待这个现象？

崔永元：我是军人家庭出身，受的教育比较正统，所以历来对主旋律感兴趣。我们小时候没有觉得主旋律不好，但是我们长大以后发现，其实是一些虚假的东西误导了我们，用六个字概括就是"假大空、高大全"。所以很长时间里我特别反感谈主旋律，后来有些具体的事情改变了我，一个是在基层采访矿工的时候，发现这些矿工没有什么大的理想，只是为了养家糊口，但是他们对工作踏踏实实。生活中大多数人不大容易出现乐业，干一行是敬业，爱一行就是乐业的范畴。其实无论干哪一行，有乐业的品质，才会去认真琢磨，才会真正干好。从我个人来讲，挺喜欢新闻，也感受到周围人对这份职业的尊重，所以我必须热爱它，这对我来说是个准则。

记者：很多电视从业人员都不愿意做主题性报道，您怎么看待这个问题？

崔永元：一线的记者一定要在主旋律和正面报道上多做文章，这是安身立命之本，尤其是在国家电视台。国家电视台有传递信息，传递准确信息，传达政令的责任，有准确表达政府声音的责任，有维护人民权益的责任等等。天天歌舞升平，选秀热闹，行吗？我从来没有反对有这样的节目。大家对主题性报道有为难和逆反情绪，就是因为过去传统模式误导了我们，没有人敢试着去创新开拓，总觉得危险大，还不如做歌舞升平的节目。从我个人角度来讲，无论是做《小崔会客》，还是最近做的《和谐中国行》，都是在努力作尝试，我并不认为成功，只是一个尝试的开始，后面路还长，但是这扇门打开了，有营造的天地。

（资料来源：《从敬业到乐业——崔永元谈主题性报道》，《电视研究》2007年第12期）

【案例分析】崔永元谈到的敬业与乐业是任何从业者都应当具备的工作素养。作为记者，尤其要有事业心和工作兴趣，具备这两种素质，工作才能做好，才会出成绩，也才会通过媒体工作给社会带来效益，给公众带来利益。同时，崔永元谈到记者的政治素养，特别举例一线记者和国家媒体的记者，要求对主旋律和正面报道要多钻研、多下功夫做好，这是“安身立命之本”。文中提到的“记者有传达政令的责任，有准确表达政府声音的责任，有维护人民权益的责任”，这些责任都要求记者具备良好的政治素养，要关心时事、清楚政策、把准方向、明确立场，以社会主义核心价值体系指导工作。

案例：新闻记者要有“公正”和“尽职”的职业道德

新闻记者担负着传播思想和信息的重任，具有良好的职业道德，是对新闻记者最起码的素养要求。“公正”和“尽职”非常重要。

公正，就是指记者对新闻原则的恪守，即坚持真理敢说真话。不说昧良心的话。在当今这个诱惑颇多的时代，不是每一个记者都能做到的。2008年9月20日，山西某煤矿发生一名矿工死亡的责任事故，事故发生后，两天内23家“媒体”的28人以记者名义前往采访，结果领取了矿上发放的“封口费”后，集体失语。后经部分媒体曝光，事件浮出水面。试想，类似这种“发放”和“领取”而没有被曝光的还有多少？因此，记者应时时反省自己，树立起正确的人生观和价值观，才能在采访报道中时时保持公正。

2000年7月，陕西安康市遭受特大暴雨、洪涝灾害，紫阳、镇坪等县遭到重创，救灾物资从四面八方汇集到此。7月30日，陕报记者从安康驱车前往镇坪县采访途中，却意外发现在平利县境内有村民擅自设“卡”，所有车辆须交10-30元不等的“买路钱”方能通过。记者不动声色停下来观察，并追踪采访了两辆运载救灾物资的卡车，得知最终还是向每辆救灾车索取10元“买路钱”和3件新救灾衣物才予以放行。记者据此迅速写出新闻《有人在发救灾财》，次日在《陕西日报》刊出，不法“卡点”迅速被端掉。

尽职，是我们做好记者的不懈追求，“铁路警察各管一段”、“做好自己分内的事”是部门领导经常提醒记者的话。新闻工作的特点是“上情下达，下情上传”，是体、脑结合的创造性劳动，这个特点也就决定了它具有独创性、艰难性和复杂性，从某种高度上来说，它是社会委托的精神探险，不肯吃苦、不肯冒险、不肯钻研是对不起这个职业的。我们常说：“养兵千日，用兵一时。”灾难、疫情、战争等的发生，都需要新闻记者第一时间赶赴现场。任何一名合格的记者，都不会以任何家庭困难、个人身体状况等等为托辞而拒绝到一线采访。

（资料来源：《记者职业素养浅谈》，《新闻知识》2009年7月）

【案例分析】记者职业道德的基本要求是公正与尽职。公正体现了传媒工作者的良知，体现了记者对公众负责、对人民利益负责的职业操守，它还体现了记者做人的正直、做事的公平。尽职是敬业的延伸，是乐业的表现。尽职对记者来说体现在克服采访、报道、拍摄、制作过程中的一切困难，圆满完成新闻工作任务，创造社会价值和影响力。尽职也是一种精神力量，是记者体脑结合的创造性劳动重要的精神支柱。

案例：河南电视台都市频道总监石小兵谈职业道德

因为我们虽然是记者，但首先是个人，一个中国人。我们首先要承担一个人对社会对国家的责任，其次才是承担记者的职业责任。热爱戏曲事业的老艺术家常香玉说过“戏比天大”。从热爱自己职业的角度，我们非常赞同这句话。但是假如把我们的职业和人民群众的生命安全放到一起比较呢？我想，一个有良知的好记者是很清楚该做什么样的取舍的。我们对社会、对生活，不可能始终充当冷眼旁观的“记录者”。对于一般的新闻事实，我们可以单纯地记录。但是，对于“参与解救窑工，还是旁观记录”这样的事，任何一个都市频道的记者都会毫不犹豫地选择救人。付振中能够冒着生命危险到黑砖窑解救窑工，我们的其他记者也能做到。“人都当不好，还当什么记者？”实际上，我们的记者经常做出这种超出工作范畴的所谓“越位”的事情。有些农村的观众遇到突发情况不知道该通知谁，但是他们却记得都市频道的热线电话，即便他们反映的事没有什么新闻价值，都市频道记者和热线员都会替他们打电话通知有关部门。其他诸如，记者在现场帮助抬送伤员，采访车参与抢救病人，在报道失学儿童或其他困难群众时记者率先捐款，或者记者外出采访半路发现一个没有盖的窨井就停下来为窨井做上标志，同时打电话向有关部门通报。这样的事，在河南电视台都市频道比比皆是。我们认为，媒体不是冷血的，在记者的职业责任之前，我们首先应该考虑的是"人"的社会责任。

（资料来源：《恪守新闻职业道德 提高社会责任意识》，《中国广播电视学刊》2007年第9期）

【案例分析】石小兵谈到的记者的职业道德是一种作为公民的社会责任感，这种责任感是记者的基础素养，也是记者在长期的职业工作中时刻提醒自己遵守的基本道德操守。在复杂的社会生活和职业经历中，记者不仅要创造工作成绩，更要固守为人处世的基本原则。职业道德不是简单附着在职业上的行为规范，而是在公德意识、公众利益、公民义务之上的更高的道德诉求。因此，做记者工作，要先做有良知、有责任感、有为人民服务精神的人。

知识点

☞ 政治素养：树立正确的世界观和价值观，深入理解党和国家的政策；明确政治立场，了解国家的意识形态。

☞ 业务素养：在具备视听思维的基础上，要有团队协作的工作状态、严谨高效的工作作风，同时注重设备与技术的运用能力；在艰苦的采访环境中还要具备顽强的精神与强健的体魄。

☞ 人文素养：电视记者应该具备广博的知识和丰富的阅历，并且在不断的实践中更新观念和知识。

☞ 职业道德：电视记者要尊重事实，要做客观、公正、真实的报道；要尽职尽责，要有正义感、有良知；要有饱满的工作热情和浓厚的工作兴趣，肯钻研、勤实践，在工作中秉持维护公众利益的道德底线。

本章小结

本章主要介绍了电视记者工作的工作职责、职业素养、职业道德几个方面，并进行了案例分析和知识总结。作为电视记者，首先，要明确工作内容和职业特点。电视记者是一个一专多能的职业，要具备现场采访、拍摄、组织、策划的能力，要有过硬的采访与写作的技能，更重要的是要有团队协作的工作能力。其次，电视记者工作是以电视为传播媒介的，因此，电视记者的职业素养以视听思维为基础。电视记者又是以记者为中心的职业，必须具备基本的政治素养、人文素养和职业道德。最后，电视记者工作的综合性、复杂性较强，接触到社会的各个层面，所以，在坚持职业操守的基础上，电视记者要时刻保持人文关怀的良知和为公众利益服务的精神。

实训项目

每个学生在新闻媒体机构或校园电视台进行为期一周的岗位认知实训。

要求：

1. 深入体验记者工作的整个流程，与自己所在的企业或指导教师进行一次关于电视记者工作感受的访谈，要求整理出详细的访谈记录。

2. 最终完成“如何做一名优秀的电视记者”为题的岗位认知工作报告。

第二章
做好采访准备

学习目标

（一）知识目标

1. 新闻线索
2. 新闻价值
3. 新闻选题

（二）能力目标

1. 掌握采访准备工作的步骤，能够抓住新闻线索，进行新闻价值的判断。
2. 掌握选题确认的规律，通过新闻背景的研究，能够确定采访重点。
3. 掌握问题设计的规律，撰写采访方案。

电视新闻采访是电视记者为搜集新闻素材而进行的一项特殊的调查研究活动。为了保证这项调查研究的成功，采访之前必须做好准备工作，它是新闻采访得以顺利进行的有力保障。“不打无准备之仗”，新闻采访同样如此。

采访准备包括经常性准备和目的性准备两种。经常性准备是指记者在理论、政策、知识、心理方面的准备以及事务准备等，要求记者随时注意积累知识和采访经验。目的性准备则是记者获得具体采访任务后的准备。本章所谈的，主要是如何获取新闻线索、确定新闻选题及目的性准备工作。

第一节　获取新闻线索

新闻线索是新闻之源。在由事实到电视新闻的传播链条中，线索是其中的第一前提，即“无线索”则“无新闻”，“有线索”才能“有新闻”。从这个意义上讲，新闻线索在电视新闻传播中具有决定作用。特别是当今各媒体之间的竞争日益激烈，要想立于不败之地，就要有独家的第一手材料，因此，获得更多、更新的新闻线索就显得尤为重要。

案例：中央电视台《朝闻天下》记者深挖新闻线索

扬州网讯（记者 胡俭）5月19日举行的扬州市大型慈善公益晚会上，“十佳慈善之星”提名奖获得者张德兵的一段影像资料吸引了在场央视记者的目光。下岗职工张德兵摆摊做慈善，引领义工帮助孤寡残疾老人洗澡。5月29日清晨，央视《朝闻天下》栏目，以“江苏扬州：慈善助力孤残老人洗澡不再难”为题，用将近4分钟的片长，报道扬州志愿者特色服务推动政府落实长效帮扶机制的生动实践。

一位孤老洗澡需要“一个团队”

电视里的张德兵，一如往常，戴着志愿者红帽，满脸黝黑。本报多年持续关注报道，并推荐他为2010年度“扬州好人”，这些年来，他资助过多位贫困儿童，然而最令人感动的还是为孤寡残疾老人洗澡。

家住下铺街22号的吕少庭、李志扬老夫妻俩，无儿无女，李志扬大妈长年卧床，吕少庭老伯的腰弯成一张弓。老人常念叨，“泡一把热水澡，比吃肉还带劲！”

送他们夫妇去洗澡，可费事了。张德兵约上陈晶明、李红琳等6位义工，这当中，要有会开车的，还要有两名女性，为预防老人晕池等意外，扬州知名老中医郑俊谦“全程护驾”。吕少庭每次泡澡，从行走到穿脱衣服，每个步骤都费尽周折。两个人架着吕老汉身体，一人帮他把全身擦了个遍。泡完澡，老人“赖”着不肯走，“真是舒坦，跟神仙似的。”

92岁的潘文灿被扶进浴池，禁不住热泪盈眶。他有个轻度智障的儿子，帮不了他洗澡，一群素不相识的义工圆了他的“洗澡梦”。看到义工为非亲非故的残疾老人擦背时温馨的场景，所有澡客都跷起大拇指：他们有颗善良的心，他们比子女还要亲。

义工敬老情缘打动央视编导

央视编导5月21日下午开始拍摄张德兵等6名义工“组团服务”为老人洗澡的全过程，当听说张德兵“上班当保安、下班摆地摊”，一个下岗职工能够引领一支“圆梦义工”队伍时，对扬州的志愿服务工作连连赞叹。

残疾老人洗澡，不怕滑倒就怕晕倒，不怕热着就怕冻着，许多浴室都不愿意接待。两年前，张德兵曾经沿梅岭西路、玉器街，联系多家浴室，但都不愿意接纳残疾老人洗澡，张德兵一着急，在冰冻湿滑的桥上摔伤了，腿上缝了好几针。近10年来，张德兵和他的“圆梦义工”小组，先后结对为几十位空巢或者残疾老人洗澡，年龄最大的92岁，从未有过闪失。

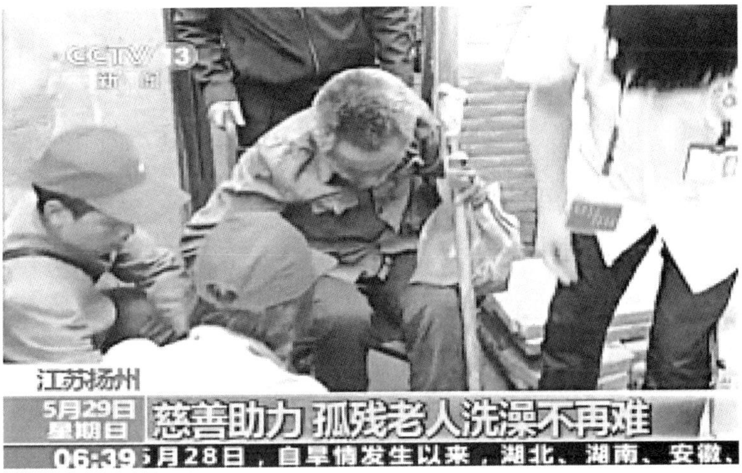

图2-1　央视《新闻天下》报道"扬州好人"张德兵慈善助力孤残老人洗澡不再难

残疾老人洗澡难的事情反映给有关部门，引起高度重视。经扬州市沐浴协会等部门协调，市区10多家浴室决定免费为残疾人提供沐浴服务。市民政局局长顾敏在接受央视记者采访时说，志愿者特色慈善服务推动了扬州设立慈善助老洗浴项目。

央视编导告诉本报记者，他们在慈善公益晚会上发现这个新闻线索，立即进行采访，台领导非常重视这个选题，安排在黄金档，用4分钟的时间介绍这个大爱故事，新闻播出后，引起很好的社会反响。

（资料来源：《扬州敬老"朝闻天下"》,《扬州日报》2011年5月30日）

【案例分析】上述报道是来自《扬州日报》的一则新闻，新闻内容是针对央视《朝闻天下》栏目的一个新闻报道进行的回顾报道。在这个新闻稿中揭示了《江苏扬州：慈善助力孤残老人洗澡不再难》这则新闻的新闻线索来源。央视记者在出席扬州市大型慈善公益晚会时了解到张德兵等志愿者团队的感人事迹，这条线索成为此新闻事件的一个信号，它是有待于证实、扩展和深化的信息，它给记者提示了新闻的所在与采访的方向，是开启记者采访活动的"引子"或"向导"。没有线索，就不能采访，没有采访，就没有新闻。在得到线索后的第三天，记者开始了深入的采访、拍摄，把简单、零碎、不完整的新闻线索作了进一步的证实和了解。在明确新闻价值、确定选题之后，记者进行了报道播出，收到了很好的社会反响。

新闻报道可简单分为消息类报道和专题类报道，此案例中的新闻就属于消息类报道，主要陈述新闻要素，简述新闻人物和事件。像《新闻调查》《焦点访谈》等栏目中的新闻报道就是专题类报道，这类报道要求深入调查新闻事件或新闻人物背后的故事，探讨事件发展的复杂性和社会意义，从公众利益出发进行新闻评论，做出正确的舆论导向。

案例：寻求多渠道的新闻线索

图2-2 《新闻调查》官方网站寻求新闻线索

CHINADAILY 中国在线

欢迎参加中国日报网读者调查

净化百姓餐桌 央视携西宁报征问题食品线索

2011-05-20 07:24:00 来源：西宁晚报

[提要] 本报通过三种渠道有奖征集"问题食品"线索以来，得到了社会各界的广泛关注，多篇报道引起强烈反响，同时也引起中央电视台的关注。连日来，本报陆续接到市民反映"地沟油"等多个涉及食品安全的新闻线索，采写连发多篇报道后，得到读者的赞扬。

青海新闻网讯 本报通过三种渠道有奖征集"问题食品"线索以来，得到了社会各界的广泛关注，多篇报道引起强烈反响，同时也引起中央电视台的关注。从即日起，中央电视台决定与本报携手，共同征集西宁地区"问题食品"线索，并与有关部门联合集中查处，以进一步净化西宁地区百姓餐桌，让市民吃上放心食品。

连日来，本报陆续接到市民反映"地沟油"等多个涉及食品安全的新闻线索，采写连发多篇报道后，得到读者的赞扬。很多读者打来电话对本报表示感谢，并希望继续关注"问题食品"，通过舆论监督揭露更多的"问题食品"，净化百姓餐桌。出租车司机王师傅打来电话说，最近每天他一直都在留意关于"问题食品"方面的线索，一旦发现加工"问题食品"的窝点，他会及时与本报联系。

为鼓励广大读者向本报积极提供"问题食品"新闻线索，本报特对提供重要线索者给予重奖：特等奖3000元、一等奖1500元、二等奖1000元、三等奖500元、四等奖100元。开展"问题食品"线索有奖征集活动，读者若在本地区发现有非法食品加工窝点、食品加工环境差、食品存在质量问题等，可通过三种渠道向本报反映：●"西宁晚报官方微博"(http：//weibo.com/xiningwanbao)私信联系；●拨打8266008、13897454499、13909716998、13709725150电话反映；●将抓拍到的照片或对"问题食品"的言论稿件发邮箱到chunyun1980@163.com，来信须留联系电话。（作者：张春云）

图2-3 《中国日报》多种网络渠道征集线索

【案例分析】图2-2是《新闻调查》栏目网站的截图，图片左侧可以看到“新闻线索提供”的板块，这里列出了由观众提供的新闻线索而制作的节目名单，而且为观众和网友说明了提供新闻线索的联系方式。新闻线索的来源可以是多种渠道。第一个案例中的消息类新闻的新闻线索来源于记者在自己的工作或生活中接触到的信息。第二个案例中《新闻调查》栏目提供的联系方式，体现出栏目向公众、联系人“要新闻”的渠道，也反映了网络媒体日渐成为获取新闻线索的一个重要且广阔的平台。图2-3是《中国日报》官方网站上一则网络新闻的截图，其中谈到了报纸和电视台通过多种合作方式向公众有奖征集新闻线索，这体现了报纸、杂志、广播等媒体也成为获取新闻线索的重要来源。在上述新闻线索提供方式中，网络微博被列为首选，这说明社交媒体日益成为公众表达意见和争取利益的全新平台，更是新闻线索挖掘的一个重要渠道。

知识点

1. 新闻敏感

新闻敏感是记者及时发现新闻线索的同时对人物、事件等新闻事实的新闻价值进行准确、迅速判断的能力。新闻敏感是新闻记者必须具备的基本素质，它使记者能够随时随地发现新闻线索，进而判断新闻价值。新闻敏感的培养主要靠后天努力。在熟悉新闻价值规律的基础上，记者需要不断丰富自身的生活经验和社会阅历，只有这样才能判断一个事实的传播意义，才能预见一个新闻报道的舆论作用。新闻敏感也是新闻记者的职业习惯，它使新闻记者能够比一般人更专业、更灵敏、更透彻地看清楚、看明白生活中的人和事，并通过新闻报道的手段让事实发酵出自身的新闻价值。

2. 新闻线索

新闻线索是新闻事实发生的讯息或信号，是新闻敏感的捕捉对象，也是新闻记者进行采访活动的出发点。记者寻找新闻线索是采访的第一步，然后循着新闻线索，找到采访对象进行采访，了解新闻事实，写成新闻报道。它决定了一条新闻是“有”还是“无”。因此，在新闻实践中，新闻记者必须找到合适且足够的新闻线索来保证每天的报道。这就意味着新闻采编一线永远离不开新闻线索。从职业特点和岗位考核来说，无论是以新闻采访为己任的记者，还是以统筹把关为职责的编辑，寻找线索都是最重要的岗位责任。

3. 新闻线索的特点

☞ 片段性。新闻线索通常比较简略，完整性差。它一般缺乏过程和细节，只是一个片断，或有头无尾，或有尾无头。从新闻要素来看，更是残缺不全，如有时间地点，却确定不了人物、原因等。这就需要记者进一步去发现，了解全部新闻事实。

☞ 概括性。新闻线索所提供的信息十分粗糙，只是事实的概括，并不具体。因此，仅有新闻线索无法写出打动人心的新闻，更具体的内容要靠深入采访才能得到，一些更有价值的信息要靠深入挖掘才能把握。

☞ 不确定性。不确定性指的是真假未定、价值未定。其中，价值未定是指通过对新闻线索进一步的了解，会出现多种情况：有的线索很有价值，可以深入采访，写出重头报道；有的有一定价值，可以写成一般消息；有的暂不显示新闻价值，须待进一步发展后再进行报道。新闻线索不确定性的特点告诉我们，对待新闻线索要积极主动，决不轻易放过，同时更应该认真仔细，决不可轻信上当。

4. 获取新闻线索的途径与方法

☞ 国家出台的新政新举、法律法规。每年我国都要出台一批新政新举和法律法规，它关乎着国计民生、关乎着社会和谐、关乎着经济发展。作为一个新闻工作者，必须认真学习和思考，其目的不单是为了思想上的提高，更重要的是要从中发现新闻线索。因为，任何一部新政新举和法律法规，只要与当地实际相结合，与百姓的需求和愿景相结合，就能从中找到许多新闻点，写出一批有价值的新闻来。

☞ 国际国内大事。任何一件国际国内大事，都会对当地的政治经济生活产生这样或那样的影响。无论“大事”发生在何地，只要当地的读者关注它、议论它，必有新闻可做。所以，对于国际国内大事，要学会从中找新闻。

☞ 政府各主管部门。教育、工商、税务、物价、水电、民政、环保、卫生、公、检、法等都是出新闻的地方。这些部门的新政新举、会议活动、执法行动，只要大众普遍关注而且有积极意义，都可成为新闻。

☞ 其他新闻媒介。在平时的采访中，要善于和新闻同行交流，或从别的媒体上获取新闻线索，挖掘“第二落点”。一般来说，主要新闻网站、报纸、杂志以及电视台、电台的新闻节目都可以成为丰富的资料库和信息源。

☞ 记者的生活发现。在平时的生活中，记者要善于观察生活、体验生活、思考生活。关乎百姓生计的衣、食、住、行都是新闻线索的来源。比如，中国人特别重视传统节日，所有的节日都包含着浓浓的“人情味”，对此主题的新闻关注度必然就高。因此，每个节前、节中，几乎所有的媒体都要进行策划，来一次报道上的“大比拼”。

☞ 向联系人要新闻。记者的本事不光体现在文字功夫上，还要体现在社交能力上。所交的朋友，应该是你的新闻报料人和为你采访提供便利的人。每个新闻人都应该有一群这样的朋友，这样做起新闻来才能得心应手。

第二节 新闻价值的判断

新闻作品质量的高低取决于新闻价值的大小。新闻线索具有不确定性，所以记者面对集合来的各种信息要加以判断，对新闻事实做出价值取向和价值定位，这就需要记者对事实要素进行深入挖掘和提炼。

案例：寻找重大突发性公共事件的新闻价值

针对“7·23”甬温线特别重大铁路交通事故的系列新闻报道，寻找重大突发性公共事件的新闻价值。

1. 人文心理关怀

重大突发公共事件中受难者不可避免，因此，善后报道对受难者的关注所体现出的人文心理关怀显得尤为关键和重要。经历重大突发公共事件的人需要媒体给予他们的不仅仅是事件发生时的帮助救援，更需要在事件落幕后，当周遭沉寂淡漠、无人问询时，媒体伸出的关切之手。对于媒体而言，对重大突发公共事件过程进行报道是常规动作，而善后报道则是凸显媒体自身素质和水平的标尺。在国外，善后报道实践较早，特别是在人文心理关怀这方面，“9·11”恐怖事件后，美国媒体曾对公众开展了多角度全方位的积极引导，体现了很高的心理干预水平。美国联邦应急总署(FEMA)对媒体报道灾害突发事件也有严格的管理，目标之一是防止媒体操作对当事人或社会造成损伤。

2. 科学舆论引导

重大突发公共事件是没有征兆的突然发生的、可能造成重大人员伤亡、财产损失和社会危害的紧急事件。针对这样的事件，人们在其过程中疲于解决问题，往往来不及深思细想，更不可能讨论争议，但在事件后期由于事态平息，有足够的时间发表言论等，这就为善后报道提供科学的舆论引导带来了机会。科学的舆论引导有利于维护好局面，有效保障社会公共安全。经历了重大突发公共事件的人们，也希望从媒体的善后报道中获取启发和善言，以备后患。

3. 民意沟通桥梁

受众对于重大突发公共事件善后信息有需求，因此，善后报道是信息满足的重要所在。传播者对善后问题、社会矛盾视而不见，对公众期待不予满足，必将引发更严重的问题。重大突发公共事件一般具有危及人民的或大或小的破坏性，因此，事件后有效地进行善后报道对于沟通民意具有积极的意义。民意通过善后报道的渠道发表观点、表达意见，避免了因无法沟通而引发的矛盾、争议、误解，善后报道的桥梁作用至关重要。

4. 政府形象建构

在已经到来的风险社会，重大突发事件将进入更敏感的高发期，对社会和公众后续影响具有隐蔽性、长期性；而各类媒体、普通网民无疑将越来越多地介入重要的社会事件，对现实社会和政治生活的影响也越来越强。善后报道对于公众心理干预、民意修复的关注有助于政府公信力的重塑，对于政府健康形象的建构具有积极影响。

（资料来源：《论重大突发公共事件善后报道的新闻价值》，人民网2011年5月18日）

【案例分析】新闻价值是事实本身所具有的足以构成新闻的特殊素质的总和，素质越丰富越高，价值就越大。它是媒介从业者用来选择衡量新闻事实的客观标准，通常包括及时性、接近性、显著性、重要性和趣味性等因素。而无论事实本体所蕴含的新闻价值有多大，其最终都需要通过新闻传播手段的充分展示，才能得以实现。对于新闻从业者来说，调动新闻传播媒介的符号手段，充分表示和强调出新闻事实当中所包含的种种价值要素，是对其业务素质的重要考验。记者、通讯员采写稿子要用新闻价值这把尺子取舍材料，观众也在无意间使用这把尺子来选择和评价新闻。上述案例是针对“7・23”甬温线特别重大铁路交通事故的系列新闻报道来看重大突发性公共事件的新闻价值，这里列出了4个主要价值层面：人文关怀层面反映的是新闻价值的及时性，快捷的报道是新闻为“新”的重要意义；民意沟通层面反映出关心受难群众救治情况的接近性和树立新闻人物“小女孩伊伊”的显著性；科学舆论引导体现了新闻价值的重要性因素，要求报道能够科学引导公众舆论对灾难的认识；要注重善后报道对公众心理的干预和民意的修复，树立政府的公信力。新闻价值的体现，关键在于该新闻是受众“欲知、应知而未知的事实”，越是受众想知道而又无法预料的事实，就越能吸引受众，越具有新闻性。

知识点

1. 新闻价值

新闻价值是一个事实包含的构成新闻的各种素质的总和，它具有5个要素：事实的及时性、接近性、显著性、重要性和趣味性。5个要素揭示了新闻价值的内涵，是识别、把握和挖掘新闻事实和材料的标准和尺度。

2. 新闻价值的判断与选择

新闻价值的判断，涉及道德范畴与法规范畴，既有着自身的变化规律，又有在不断实践中生发的问题。新闻价值的判断，以社会道德伦理、社会意识形态的准则为依据，又随着社会道德伦理观念的变化和社会意识形态的变化而变化。判断新闻价值应依据以下7个特征：

☞ 政治性。政治性是指是否符合政治大局；是否符合政治需要；是否正确地把握了政治导向；是否符合党和国家的基本政策或地方政府的重大决策；是否对阐释这些政策的意义、推动这些政策的实施起到一定的作用。比如全国“两会”的报道；对农村税费改革的报道；对土地承包的报道；对水利、林业等产权制度改革的报道等，都涉及一些政策性问题，政策性越强，新闻价值就越大。

☞ 民生性。国计与民生从来都是并驾齐驱的，而民生新闻的兴起正是党和政府“坚持以人为本，树立全面协调可持续的发展观”的方针政策在新闻领域的具体体现。诸如农村合作医疗、住房、就业等关乎民生的方方面面越来越多地得到新闻媒体的极度关注。

☞ 前瞻性。指新闻报道对事件的发展趋势、过程演变具备一定的预见性。凡是具有前瞻性的报道，因其揭示的问题具有未知性，对事物发展规律的把握具有超前判断，而受众对未知的信息总是充满好奇，会投入精力关注报道动态，所以，此类报道新闻价值也比较大。

☞ 借鉴性。一些新闻报道总能给人一种启示。你从一篇新闻报道中汲取的东西越多，它的借鉴性就越强，它的新闻价值也就越大。这种借鉴性可以是正面的启迪，也可以是反面的教训，或者兼而有之。

☞ 关注度。受关注程度越高的新闻报道，其新闻价值越大，这显然是不争的事实。比如"神舟六号"成功发射标志着我国航天事业取得了重大发展和突破，世界各国媒体竞相予以报道。

☞ 新鲜性。越新鲜的事物越吸引人的目光，越新奇的事件，其新闻价值自然就越大。像农民购买飞机这样的新鲜事物背后折射出很多内在的本质性的东西，常常能给人带来意想不到的收获和发现。

☞ 艺术性。这里的艺术性是指新闻报道文稿本身的艺术性，也就是说一篇新闻报道应该写得符合消息的创作规律，传递的信息量大，组织结构巧妙，同期声画龙点睛，有文采、有艺术性。这样的报道，即使新闻事实本身的价值不大，也比那些虽然报道了重大事件、重大题材但废话连篇、病句不断、词不达意的报道让人舒服得多。这里的艺术性也可称之为欣赏性，赏心悦目的新闻报道让人爱听爱看，新闻价值自然就大。

任何一条电视新闻，其新闻价值都不可能从单方面来判断，它的价值往往同时涵盖、融合了上述几个特征。因此必须对其进行综合、交叉的对照分析，这样才能完整、客观地判断出其新闻价值。

第三节　确认选题

在搜集好新闻线索，判断与选择新闻价值之后，就要确定新闻选题。选题的确认主要是对主题、角度和形式的思考和研究。新闻选题是指新闻的中心思想和基本观点，也是新闻记者对新闻事实的态度以及报道的主观意味。选题的确认在新闻采访与写作中起主导作用，它是新闻建构、选材、报道形式运用的依据。

一　主题的思考

第一，要看新闻要素全不全。构成新闻的五大要素是何时、何地、何人、何事、何由。因此，记者在采写新闻时，首先要看新闻的五要素全不全，这是最基本的要求。不少初学者所写的新闻总是遗漏要素，要么时间不清、地点不详，要么事件原因不清、记述不准。在确认选题时，一定要把握好这几个新闻要素。

第二，要看事物变异的程度深不深。一般来说，事物的变异程度决定了新闻价值的大小，变异程度越深，新闻价值就越大，反之则越小。比如雨雪天气的变化。一般性降雨天气，新闻价值就不大，可以从干旱现象缓解、提醒市民注意雨天外出安全等方面制作一般性新闻。但如果是暴雨且出现城市排水系统问题、山区泥石流问题、洪涝灾害问题，就会转变成新闻价值较大的事实，天气情况、受灾情况、抗灾抢险情况、生产自救情况等都是新闻。

第三，要看新闻能否出新。这个“新”字有五个含义：一是时间新，二是题材新，三是立意新，四是角度新，五是表现手法新。这五个方面缺一不可。譬如说“角度新”：文章能否写出新意，关键看角度的选取。只有角度新颖，写出的文章才有看点、才有影响力。不同的角度，写出的新闻也不同。

第四，看大众是否普遍关注。新闻影响的范围决定其价值的大小，影响范围越大，影响的人数越多，新闻价值就越大，反之则越小。所以，在采写新闻前，就要思考这个事件是否具有典型性，能否引起更多读者的关注，是行业性的还是区域性的，是局部性的还是全国性的，然后再决定怎样报道。有些新闻事实是具有全国性的，如“7・23”甬温线特别重大铁路交通事故、在深圳举办的世界大学生运动会等，这些都是全国人民关注的焦点。因此，各家媒体都使出了看家本领，尽其所能进行系列性、多层面、全方位的报道。

第五，看是否有积极意义。无论是正面报道还是问题报道，无论是时政新闻、经济新闻还是社会新闻，都要把握正确的舆论导向，真正做到三个有利于：一要有利于推动社会进步和文明；二要有利于引导人、鼓舞人、感召人；三要有利于问题的解决和保持社会的稳定。

二　角度的选择

第一，策划的选题不是无懈可击的，在采访中要不断对其调整、完善。现实是不断变化的，所以策划应是动态的、变化的，以适应多变的现实。从一些影响力较大的报道来看，几乎没有最初的策划与后来采访完全合拍的情况。熟谙这一点，策划就不能一锤定音、一劳永逸，要在记者的采写过程中全程跟进，不断调整。

第二，策划的主题不可约束过多，采访中要留给记者创作的空间。无论是一次性报道，还是系列报道，都应该在策划主题上下大气力。但是策划的主题不能过细，不能越位，更不能把记者的手脚捆得太死，让记者像学生考试填空一样去完成策划者圈定的题目，这样便扼杀了记者的主观能动性，忽视了实践中的新情况、新问题。策划是要对主题进行确定，这样做是为了使记者明了报道的重点。在采访主题确定的前提下，记者也要打开思维之门，考虑与主题有关的其他方面，提出多种思路和方案，积极地探索、提炼更加明确的主题。

第三，采访中强调应变，将采访与策划完美结合。策划的作用在于框定重点、确定主旨、规定范围、规划采访行动，属于宏观调控。在确认前期策划的选题和主题后，要强调记者的应变能力，适应瞬息万变的现场，选取合适的报道角度和线索，通过创造性的发挥，将策划案完美地表达出来。

第四，记者要善于发现新情况，写出与最初策划不同的稿件。策划通常由编辑部领导或资深编辑做出，具有一定的权威性，其作用往往带有全局性或指导性。但记者在采访时一旦发现前期的策划与实际情况相背，也不要轻言放弃，轻易否定策划，要继续追踪，争取有新的发现。为什么呢？因为当初的策划实际还是在起作用的，只不过不是正向的作用，而是反向的作用。它能够刺激记者在现场进行逆向思维。相关采访实例表明，如果没有当初的策划，可能记者对采访中遇到的相反情形就不会引起注意，不会那么敏感。因此，是当初的策划激活了记者的思维点，使之对新发现的情况特别敏感并积极进行思考。

三 形式的运用

不管是何种体裁的电视新闻报道，真实的、声画一体的电视画面是新闻报道进行叙事和构成新闻报道的基本材料。一般来说，来自现场的新闻画面、主持人在演播室的图像以及空镜头是构成电视新闻报道的三种基本画面素材。例如，《新闻调查——车祸发生之后》运用很多空镜头展示事件的情节。大视角、低机位的仰拍用来表现死者家属的悲痛伤感，然后配以死者妻子木讷的面部表情大特写，极好地表现出车祸的发生给人们的心灵、精神和生活所造成的灾难；《新闻调查——西古县村纪事》中，通过摇镜头和长镜头的大量使用，丰富了场面调度，增强了片子的纪实感；《新闻调查——保卫荆江》里，片头中惊雷的乍响，增强了片子紧迫的节奏感，对主题的表达起到了烘托作用；《新闻调查——双城的创伤》中大量使用了剪影丰富的镜头语言，增强了片子的内涵，体现出电视语言独具的魅力。

第四节 确定采访重点

记者在确定了选题之后，接下来就要进行采访，采访之前要做好充分的准备，其中包括要确定采访的重点，即采访那些重点地区、重点部门、重点人物、重点问题等。

案例:《新闻调查》选取典型的采访对象

在这期节目中，进入采访视野的高层政府官员、参与救援的武警官兵、矿工以及受困矿工都体现出鲜明的典型性和个性化色彩。新闻记者大量进行采访，让采访对象直面镜头，力求做到真实、自然；积极刺激采访对象的情感细胞，激发他们的表达欲望；捕捉最具说服力的细节、最生动鲜活的场面，将采访对象的局部特征，加以艺术强化、生发。作为政府官员代表的河南省陕县人民政府党组成员、原副县长王玉山，一方面体现了领导风范，另一方面体现了尊重生命的人道主义情怀。记者积极抢拍了他亲自上阵救援的镜头。同时又采访到他对救援的真切表达:“掉泪了，激动的泪，毕竟 69 条生命生存了。”同时，又抓拍到他与获救矿工曹百成相拥而泣的镜头，这些镜头让观众记住了一个有血有肉的官员形象。曹百成、郭石屯分别是遇险矿工副队长、安全员，他们也是重点采访对象，一方面他们身上体现了在危难面前带头人的职责和智慧，另一方面他们获救后的感言更能体现出对生命的重新认知和珍惜。河南义马煤业集团观音堂矿救援矿工朱铁岭，一个憨厚朴实的工人，患有严重的风湿性关节炎，他为了营救工友，坚持在水中泡了12个小时。记者在对他进行采访中不经意地问：“腿受伤了吗？”他憨厚地笑笑，记者要求看腿伤，摄像专门给他受伤的腿以特写，但朱铁岭却平静地表示：“小意思，肉烂了再长。”这一戏剧化的处理，产生了强烈的震撼效果。

对这些典型人物的采访、报道产生了巨大的艺术魅力，他们身上流露出一种真实、动人的光彩，一方面让观众记住了这些鲜活的小人物，另一方面他们的真情流露让观众体会到人们对生命的尊重。

（资料来源：《新闻调查的艺术化追求》,《传媒观察》2009年10月）

【案例分析】在《新闻调查——为了 69 个矿工的生命》这期节目中可以看到，记者分别选择了对不同层面的典型人物进行采访，进入采访视野的对象并不是随机的，而是按照一定分类原则精心筛选的。采访对象分为救援的人和被救援的人两种，救援的人又分为代表各级政府的领导、代表国家的武警官兵和代表普通百姓的矿工们。被救的 69 个矿工也没有全部进入采访视野，记者根据需要进行了个体选择。因此，哪些采访对象具有典型的特征，具有超凡的艺术魅力，具有吸引力、感染力、震撼力，就将成为新闻记者重点的采访对象。怎样挖掘出典型采访对象的个性特点，是记者要重点研究的课题。

知识点

1. 确定重点

第一，要确定重点范围。采访的重点范围就是采访的侧重点，无论做什么报道都不能面面俱到，要注意突出重点。记者去采访前心中一定要明确采访的侧重点，只有如此，采访时才能有的放矢，事半功倍。

第二，要明确重点对象。在条件允许的情况下，应该尽量从正面、侧面多选择一些采访对象，然后再确定主要采访对象。采访前，要充分了解采访对象的个性、经历，根据采访对象的具体情况提出针对性强的有效问题。而且，熟识采访对象的情况，在采访中往往能博得采访对象的好感，从而拉近彼此的距离，增加采访的成功率。在进行采访准备的同时，还要根据收集的采访对象的资料，对采访对象进行“肖像判断”。所谓的“肖像判断”，是指正确判断采访对象的身份、知识水平、生活背景等。白描出采访对象的人物轮廓，提早接触采访对象，便于采访时选用恰当的采访方式，使采访取得成功。

2. 研究背景

在确定了采访对象后，要想获得好的采访效果，得到有价值的信息，就必须对被采访者做一个全面的了解：包括年龄、经历、成就、家庭等。如果出镜记者想采集到鲜活的生活素材、拍摄到完美的情节画面、让被采访者能够自如地在镜头前活动，就必须与被采访者相互交流、相互沟通、相互了解，让被采访者明白记者的意图、想法以及报道的形式，更好地消除与被采访者的隔阂，拉近彼此的距离。

新闻背景是关于新闻事件的历史和环境材料，是新闻的有机组成部分，是补充、反衬或烘托新闻事实和新闻主题的重要内容。在电视新闻采访中，新闻背景十分重要，因此，记者要尽可能多地了解新闻背景，多问几个“为什么”。新闻背景的深挖虽然不需要都报道出去，但是可以让新闻报道呈现出真实性和公正性。

新闻背景还可以充实记者的头脑，增强记者的洞察力。一方面，记者在采访过程中要尊重任何一方当事人，吸纳他们的意见，增强沟通，从而使采访顺利进行。另一方面，记者不可能成为精通各类问题的专家，然而他所要的采访题材涉及的有关知识、复杂概念以及事件中矛盾冲突的发展过程，很多都可以从背景采访中得到深化，并获得新的知识。因此，要正确了解新闻矛盾焦点之所在，否则就难以同采访对象进行双向交流。记者还要设法把被采访者的谈话引到节目的主题中来，掌握提问的艺术，为新闻背景服务。

第五节　设计采访问题

确定好重点采访的人物之后，记者还要设计出详细的采访问题。

案例:《面对面》栏目采访王志

记者：王志你好，很高兴能在《面对面》里面来跟你来面对面，从一个职业记者，变成一个被采访者，感觉怎么样？（开门见山发问，可以看出记者首先抓住了被采访对象的职业特点，通过直接切入主题，引起观众的兴趣，也调动起被采访对象说话的兴趣。）

王志：我就想你不提这个问题，我也想跟你讲讲我的心里这种压力，我非常地不习惯，我第一次知道做嘉宾有多难。

记者：你知不知道我们做这期节目的风险？

王志：风险，首先当大家提出这个创意的时候，准确地说我们领导提出这个创意的时候，我有点吃惊，我感到很刺激有点，也觉得新鲜。但是后面我转念一想肯定是有风险，一个是对个人来说，可能要暴露自己。

记者：你很怕暴露自己吗？还是有什么不可暴露的？（追问，根据被采访对象的回答，抓住机会，进一步发问，从递进的问答过程中，记者能够得到更多的信息。）

王志：我不是一个很喜欢暴露自己的人，不是说没有什么不可告人的东西，坐在镜头前面问别人是感到比较舒适的，另外一个我觉得对节目来说可能是一个风险，大家可能会认为我以权谋私。

记者：假如观众对这样的一期节目有些反感和不适应的话，你会怎么跟他们解释呢？

王志：我可能首先会想到，先不让他们反感，我会很认真地对待这一次采访。

记者：我们今天的访谈应该从你的获奖开始，“五四青年奖章”，首先向你表示祝贺，当然这只是礼貌上客气一下。（体现主题的提问，记者设置背景引导被采访对象针对某个主题进行回答。）

王志：不礼貌，心里头真实的想法是什么？

记者：真实的问题是，这是你到目前为止得的第几个奖，还记得清吗？

王志：可能数不清了，今天中午就有一个我的被采访对象给我打电话，说一年前的今天我采访了他，但是他记得，让我很吃惊；他说你已经成为英雄了，我也很吃惊；他说你得了很多奖了，我还是吃惊；他说你数一数有多少，我跟他讲两句话，拿到手软了，拿到脸红了已经。

……

记者：事实上在整个“非典”期间，进入到这样一个病房进行采访的记者不止你一个人，为什么是你脱颖而出，吸引了大家的眼光？（主题性提问，再次建立新的采访主题。）

王志：我不是第一个进入ICU的职业记者，我去广州的时候，我进入重症病房的时候，广州当地媒体的很多记者，他们已经和医生很熟。像我认识《羊城晚报》的一个女摄影记者，当时她就跟我们在一起，已经去过很多次了，但是恰恰不幸的是，我们头一次进去，我们就把它拍下来，这是因为我们的职业有这个特点，而且中央电视台有这么一个平台，亿万人都可以看到。

记者：但是中央电视台的平台不只是在《面对面》。出现在电视屏幕上的记者也不只是王志一个人，为什么是王志，因为“非典”大家记住他？（改变称呼被采访对象“你”、“您”等第二人称形式，而将被采访对象的名字直接置于问题中，用第三人称形式发问，引起被采访对象更客观、更真实的反应和回答。）

王志：因为我做的节目比较多一点，我们最有影响的7期节目是在10天之内播的。可想而知，所以从这个意义上来说，我觉得这个平台是非常重要的。从这个意义上来说，它的的确确对我是一种机遇，对任何一个新闻记者来说，可能都是一种机遇。

记者：你当时清楚这是一个机遇吗？（追问，深化主题，使观众对嘉宾的了解可以更贴近。）

王志：没有时间来得及想，说实话。

记者：你有没有想到别的，进入到ICU病房，进入到一个疫区，当时是非常严重的疫区，是有巨大的危险的？（深入性提问，引导观众对被采访对象建立更全面、更人性化的认识。）

王志：当时我真心地说确实没有感到危险。

记者：你平常是一个爱冒险的人吗？

王志：关键的时刻我是一个不害怕的人。

记者：有没有想过，如果你真的因为那次“非典”的采访而使自己感染了“非典”，事情会怎么样？

王志：那也没有办法。

记者：有没有想过这个问题？

王志：我是采访回来之后，离开广州之后，当时我回到我住的地方的时候，我接到通知说在家里休息。

记者：你当时想到什么？（紧追同一个问题，当被采访对象有意或无意回避某个问题，记者可以穷追这一问题，以期向观众呈现出被采访对象真实的想法和真实的状态，深化对事件或人物的理解和认识。）

王志：我很后怕。我说如果说真感染“非典”。那节目可能就没法做了，我的节目可能要停掉，或者有别的人代替。如果我这期节目播出去，我的下一个被采访对象知道王志进过ICU，王志整天在跟“非典”接近，跟接近的人打交道，他会有戒心的，或者说他干脆就会拒绝我，我最担心的是这个。

记者：可不可以说其实王志还是很幸运的，虽然在恐怖当中，但是自己还是能够得以保全，没有任何风险和危险？（**假设性提问，设置相同方向或相反方向的假设条件作为背景提问，刺激被采访对象，进一步引导被采访对象深入探讨主题，使其回答更深刻、更明确。**）

王志：可能现在回想起来，当时也有考虑到，因为我觉得身体的抵抗力应该是一个很重要的一个因素。我对自己的身体是比较自信的。

记者：如果真因为采访而得了“非典”，你还会觉得这样的采访是值得的吗？（**假设性提问**）

王志：这种假设是没有任何意义的，我觉得是，就像你吃饭一样，饭都能把人噎死，任何一件工作都是这样的，你都必须付出代价，因为你要，但是你要问一问自己你愿意去吗？

记者：你愿意去吗？

王志：我愿意，因为这是我的工作。

记者：是不是同时把自己塑造成一个勇者？

王志：可能客观效果会是这样一个效果，但是的确从来没有想到过大家会把我当一个英雄，或者一个勇者。

记者：你为什么这么不愿意承认，敢于承认的是我王志敢于在那样一个情况之下，进入ICU病房，我是勇敢的，我是一个勇者。（**假设性提问**）

王志：我不想让大家误解，因为不想当一个英雄，我不想当一个勇者。我是想当一个正常人，我想当一个男人，当一个职业的记者而已。

记者：那么你的眼泪呢？（**深入性提问，引导观众对被采访对象建立更全面、更人性化的认识。**）

王志：这可能是一个例外，设计都没办法设计出来的。

记者：张积慧在节目当中的眼泪感动了很多的观众，你的眼泪呢？是想达到什么目的呢?

王志:是因为张积慧感动了我。

记者:你觉得一个职业的记者在镜头前可能流泪吗?应该流泪吗?(深入性提问,重复问题表达强调,引起观众的注意。)

王志:没有哪一本新闻教材说职业记者不可以流泪,职业记者不可以表露自己的感情。没有一本书上说,没有一个实例说这种流泪,这种流露自己的情感会影响新闻的公正。

记者:你不怕观众觉得王志是一个软弱的男人?

王志:不会,所有的观众都会认为他是一个有血有肉的人。

记者:可能如果我再这么追问下去的话观众会觉得我是鸡蛋里面挑骨头,因为毕竟那几期节目还是在当时起到了非常大的影响力,你会感谢“非典”吗?

王志:我说过,就是去年得金话筒奖的时候我说了八个字,我是托大家的福,沾“非典”的光,如果说没有“非典”,《面对面》可能不会被那么多人知道,没有“非典”,王志可能不会拿到那么多的奖,但是不能是感谢“非典”。我自己因为个人得不得这些奖是不重要的,因为这个代价是太沉重了,多少人死了,这些生命是不应该消失的。

记者:但是有人说了如果没有“非典”的话,就没有王志的今天。(深入性提问,运用假设、相反方向提问、第三人称提问等技巧引导观众对被采访对象建立更全面、更人性化的认识。)

王志:没有关系,我一样会在中央电视台做一个很好的职业记者,我已经干了十年了,我十年前来当记者的时候,不是为了等“非典”这一天。

……

【案例分析】从上面的采访文字中可以看出记者在设计问题时有一个基本的规律,即先进行建立采访主题的发问,通常设计一些比较简单或者气氛轻松、融洽的问题,引导被采访对象进入采访状态中,同时引起观众兴趣。可以开门见山发问,也可以引入新闻背景来发问;然后进一步展开主题,运用追问的方式，提出与主题关联层次递进的问题，一步步接近采访的目的；接下来引入主题性提问，或者强调采访主题，或者建立新的主题，使采访过程始终不脱离采访目标，有效地获取具有新闻价值的信息。对于被采访对象心理、精神层面的发掘要使用深入性提问，可以运用假设性提问、第三人称发问、重复发问、紧追同一问题等技巧，使被采访对象直面问题，打开心扉，真实地展现自己，也真实地反映事件的发展过程。

知识点

1. 拟订采访方案

在新闻采访中，向被采访者问什么、怎么问也是需要记者事先准备好的。这种准备，即是拟订采访提纲，它是采访准备工作中最核心的内容。采访提纲要尽可能详细、具体、实在、简明扼要。首先，对同一个问题、同一个事实和细节，要多侧面、多角度地提问、考证、挖掘。采访时不怕问题多，就怕问的问题少。若准备得少，几个问题一问完，就无话可谈，采访就不能深入下去。其次，在采访中，记者可能会遇到各种意想不到的问题和情况，如果心中没有“底”，面对被采访对象时或许会陷入不知道问什么好的尴尬场面，或者问的问题都是千篇一律、毫无新意，这样会导致最终写出来的东西枯燥无味。

采访方案的主要内容包括以下几个方面：

☞ 确定采访的主要内容：采访问题、问题的主次、问题的顺序、提问的态度以及对即兴问题的准备。

☞ 确定采访的地点、采访时间、被采访对象：在采访准备充分的前提下，选择合适的时间、地点进行采访，目的是获取最有新闻价值的信息。

☞ 确定采访记者：针对不同的采访要求确定摄像记者、出镜记者的人员安排与新闻采集装备安排；同时根据被采访对象与采访地点，选择合适的着装。

☞ 确定采访的方式：根据具体情况确定采访方式，比如面对面采访、电话采访、网络采访等。对于深度报道的新闻，要综合运用各种采访方式。

其实，在采访过程中记者很少能够按照提纲按部就班地提问，但是写采访提纲会使记者对采访活动有一个全面的了解，这个过程也是一个厘清思路的过程。同时，采访行程可能会随时发生变化，比如不能如期进行采访等。面对各种突如其来的变化，除了依靠经验和自身能力随机应变之外，这时采访提纲也会起到一定的保障作用。

2. 把握问题设计原则

☞ 问题设计要紧紧围绕采访主题。

☞ 问题要具体，提问要有层次感。

☞ 要设计价值深刻的问题，引导观众深入认识人物或事件。

☞ 巧妙运用背景提问，体现记者的思想和舆论的导向。

3. 撰写具体采制方案

具体采制方案包括采访报道的具体形式、采访方式、采制的同期声、拍摄的主要画面、选择采制现场和主要采访对象等。具体讲，它是策划人遵循新闻的基本规律和电视纪实特性，以事实为基础，以创意为核心，对已占有的信息进行充分的分析研究，确定可能实现的目标和效果，撰写相关报道策略，规划、设计报道的方式、方法和技巧，以求实现最佳采访报道的效果。

新闻报道是一种能动性的活动，是对新闻报道的策划行为，并非否定新闻的真实性原则。用事实说话是电视新闻节目策划的基本原则。策划和组织报道的本质意义在于报道者根据媒介的新闻传播宗旨与原则，对报道内容和形式加以选择，并通过对新闻报道资源的最佳配置，使新闻传播获得报道者所期望的效果。因此，新闻策划本质是主观与客观的统一。

本章小结

本章主要介绍了采访前的准备工作，首先是提高记者的新闻敏感来搜集新闻线索，进而判断新闻价值，然后确认新闻选题。新闻敏感、新闻线索与新闻价值在电视新闻制作过程中是辩证统一、密不可分的关系。新闻记者要以高度的新闻敏感挖掘新闻线索，对新闻价值做出迅速、准确、深入的判断。而且电视新闻记者不仅要具有对事实内容的新闻敏感性，更要具备事实形象的新闻敏感性。

其次，确认新闻选题后，记者要进行新闻背景分析，确定采访重点，选择典型的人物、细节、地点进行采访报道，并根据采访重点进一步深入研究新闻背景，抓住采访的关键信息，使采访站在公允的立场上，客观引述事实，真实记录现实。

最后，采访准备工作的关键环节是设计问题和采访方案。问题设计要注意提问的层次性、具体化，要时刻围绕采访主题，更要深入发掘被采访对象的心理、精神和思想意识，深化采访主题。采访方案的拟订除了基本的新闻要素和问题设计外，还包括电视新闻拍摄的采制方案，统筹安排各个采访环节。

实训项目

学生3-5人组成一个团队，为校园电视台采制消息5则、专题性新闻报道1则。

要求：

1. 积极通过多种渠道获取新闻线索，开小组讨论会，判断新闻价值，做好会议记录。
2. 确定消息和专题的新闻主题和采访重点。
3. 设计采访问题，列出提问顺序。
4. 撰写采访方案和具体采制方案。

第三章
开始现场采访

学习目标

（一）知识目标

1. 访问的特点
2. 访问的步骤
3. 提问的技巧
4. 观察
5. 采访方式
6. 采访技巧

（二）能力目标

1. 培养学生良好的与人沟通的能力。
2. 针对具体的被采访对象，能够采用合适的采访方法进行采访。
3. 能够引领被采访人的思路，把握采访现场。
4. 能够根据现场巧妙灵活、创新性地进行提问。

现场采访是记者或主持人通过话筒、镜头在节目录制或拍摄现场进行的同期声播出的口头采访，是电视等媒体特长与优势结合的有效表现形式。现在越来越多的记者和主持人都把现场采访作为节目的重要内容，不仅新闻类节目和社教类节目需要，就连综艺娱乐类节目也离不开它。

记者或主持人要想在短时间内采访到实质内容，挖掘出货真价实的新闻来，就需要具有过硬的新闻采访能力，其中包括灵活运用各种采访方法和采访技巧的能力。

第一节 访问与观察

记者的采访是获取新闻要素的重要活动，对被采访对象的座谈访问是最普遍、最常用的采访方式。同时，细节是增强电视新闻感染力的重要因素，因此，记者在采访时还应特别重视在新闻现场进行观察，通过观察捕捉能反映报道主题的典型细节。

一 访问

访问，是记者为获取新闻对被采访对象进行的观察、询问、倾听、思索和记录等一系列活动，是新闻写作的前提，是一种特殊的调查研究。

访问是采访者对被采访者的认识过程，是采访者运用自己的新闻观点、知识积累和思维方式，通过亲自观察、倾听，经过思索而做出分析判断的过程。新闻访问要求采访者具有新闻敏感、应变能力和采访技巧，即能够在错综复杂的客观事件中敏锐地发现新闻，在稍纵即逝的机遇中迅速地捕捉新闻，在各种困难的条件下巧妙地挖掘新闻。

（一）访问的特点

案例:《焦点访谈》新闻记者的采访特点

主持人敬一丹：您好，观众朋友，欢迎收看《焦点访谈》。上海一场夺去了50多人生命的大火我们还记忆犹新，导致灾难的直接原因是由于无证电焊工的违规操作，让人更加关注到特种作业。所谓特种作业人员包括：电工、焊工、起重机械、矿山机械的操作人员等。为了保证特种作业人员的安全，国家要求操作人员必须持证上岗。特种作业操作证要经过严格的培训考试才能获得，但是广东省茂名市的部分特种作业的操作证却来得相当容易。

图3-1　中央电视台《焦点访谈》之《被“特办”的特种作业证》(2011年7月14日)

图3-2　记者采访特种作业操作人员

记者：你学过没有？

邓祥清（矿山钩机司机）：没学过。不怎么培训，都是师傅教的。

记者：考试卷子是你写的吗？

邓祥清：不是我写的。

记者：你去了没有？

邓祥清：我没有去。

【案例分析】这则新闻事件的调查是在2011年7月14日晚上播出的。主持人敬一丹由2010年11月15日的上海大楼起火事件为由头，揭开本期节目的主要内容。节目为揭开特种作业操作证的真相，接下来对电工、焊工、起重机械、矿山机械的操作人员取得作业证的情况进行了个别访谈。

在采访前，记者首先对整个事件进行了深入详细的调查了解，进入采访视野的第一个对象就是目前在从事本行业的邓祥清。为了采访到真实的情况，记者运用一对一的个别访问形式，与被采访对象进行了双向交流。同时，记者还营造出较为轻松的采访气氛，用聊天式的方法让被采访对象说出事件的真相。当然，访问不只是这一种方式，如果被采访对象是同一个工种的话，还可以把这些人聚集在一起，进行集体访谈。

记者：有没有参加培训？

陈艺芳（采石场负责人）：没有。

记者：也没有参加考试？

陈艺芳：没有。

记者：其他场子也是这样的吗？

陈艺芳：差不多都是。

图3-3 记者采访采石场负责人

【案例分析】采访过程中，通过与事件相关人员的双向交流，能获得更多有价值的新闻线索。本期节目在采访特种作业人员的同时，还采访了特种行业的负责人。通过采访，记者了解到更多更详细的信息：目前特种作业证在整个特种作业行业里是很容易就能办下来的，这更加说明了事件的严重性。

记者：那像这个人在这里发了证有没有经过考试培训？

刘潇（茂名市安全生产监督管理局办证大厅打证员）：肯定是有经过考试的，必须考试。

记者：培训什么都参加过吗？

刘潇：必须是有培训考试记录的才能办证。

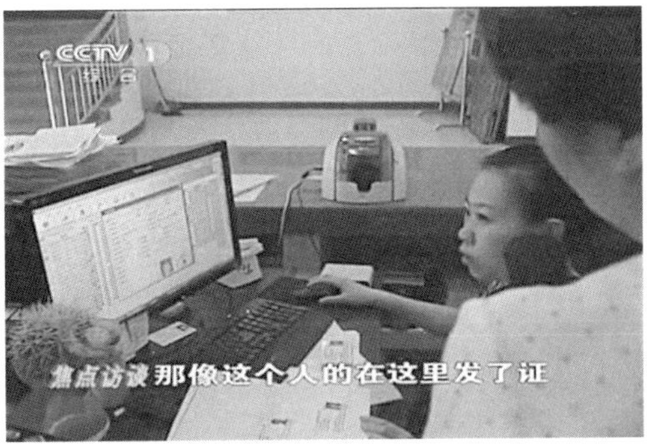

图3-4　记者采访相关部门工作人员

【案例分析】与前面采访特种行业工作人员和负责人一样，在采访相关部门的工作人员时，记者仍采用了面对面直接交流采访的形式。记者就如何申办特种作业证的程序问题，采访了三位工作人员。采访过程中，在错综复杂的事件中记者敏锐地发现问题并及时提出问题，让事件的发展更接近事实的真相。

电话采访：

记者：你是邓祥清吗？

录音：对呀。

记者：特种作业人员考试的那个卷子是你昨天答的吗？

录音：对。

记者：那你送到安监局了吗？

录音：送到了。

图3-5　记者进行电话采访

【案例分析】除了面对面的直接交流方式以外，电话交流和卫星电视访问也是记者同访问对象之间以问答或交谈方式进行的双向交流。本期《新闻调查》栏目采访完三位工作人员之后，记者利用电话对邓祥清进行了不见面的电话访问，通过对话录音，观众更清楚地了解了整个新闻事件背后的真相。

李珠（茂名市安全生产监督管理局办公室工作人员）：这个是特办的。这种，特办的，特殊关系。

记者：什么样的特殊关系？

李珠：就是同事关系了，自己单位同事关系。

记者：同事关系就可以不走程序来办证吗？

李珠：不是这样的。这个人因为去外面做工，时间比较急一点，所以来找我们这里，特殊照顾一下。

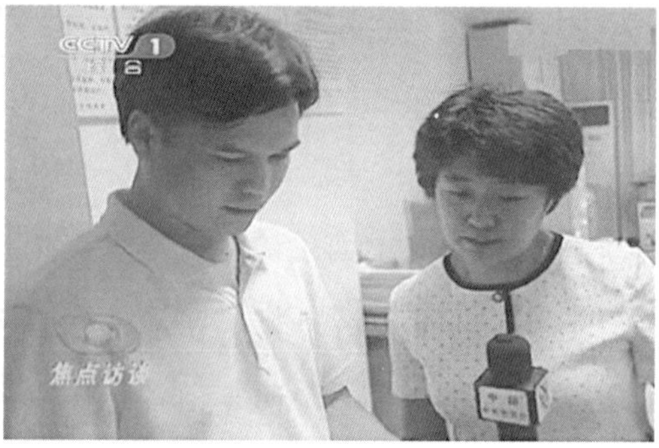

图3-6 记者采访相关办公室工作人员

【案例分析】采用面对面的交流形式，记者就已掌握的资料对安全生产监督管理局办公室的工作人员提出了质疑。这个时候运用面对面的采访形式，让工作人员自己说出事件的真相，整个报道就会更加真实可信。

冯梅（茂名市就业培训中心教务部部长）：要不你可以报个名在这里，到时候考试你过来考试就可以。

记者：没有学过可以考试吗？

冯梅：你可以考得过，没有关系。

记者：多少钱？

冯梅：大概几百块钱。

图3-7 记者采访相关部门工作人员

【案例分析】就整个培训考试过程，记者到实地进行了调查采访，使整个事件的发展进入另一个高潮，同时也让观众有了新的思考：整个特种作业行业要想安全稳定的发展，需要有关部门的特别重视。

从这期《焦点访谈》的节目可以总结出：新闻采访活动要想成功，75%的信息、观点、事实要依靠记者的访问。访问作为一种采访活动方式，是指记者同被采访对象交谈，从中弄清事实真相及其来龙去脉，进而收集构成新闻的事实材料。访问在记者采访工作中占据3/4的重要位置。一个新闻节目的成功与否，前期记者的访问是至关重要的。

（二）访问的步骤及提问技巧

在访问过程中，记者与被采访者之间形成了一种互动关系。要使被采访者与记者积极配合，给记者提供材料，就需要做大量周密细致的准备工作，掌握好访问的步骤和技巧。

案例：东方卫视《杨澜访谈录》之杨澜访问风格

图3-8 《杨澜访谈录》之《姚明2010三十之变》（2010年1月30日）

主持人杨澜：大家好，欢迎收看《杨澜访谈录》，我们的节目口号是记录一个人和他的时代。从这个意义上说姚明真是一位非常典型的受访嘉宾。在过去8年的时间当中，我有幸三次对他进行专访。这8年他个人的命运所产生的种种变化实质上可以折射出中国运动员乃至中国篮球正在发生的种种深刻的变化。如果概括一下这8年当中姚明身上所产生的变化，大概可概括为5种：第一，身体的变化；第二，身份的变化；第三，财富的变化；第四，情感的变化；第五，思想的变化。先说身体吧，2002年我采访姚明的时候他还是一个单薄的大个子，现在他已成为一个结实的巨大中锋。然而心疼的是我第二次和第三次采访他的时候，他是以一个伤病员的身份出现在我面前。作为普通人，我们很难想象不断受伤，不断地手术包括养伤的过程对于一个人的精神会带来怎样的压力。被称为“小巨人”的姚明甚至产生过退役的想法。

【案例分析】节目开始前主持人杨澜的一段口播，向观众明确交代了本期节目的采访人物及目的。节目首先说明了是什么节目，要采访的对象是谁，本期的被采访对象为节目提供了哪些采访内容和素材。同时先入为主，结合主持人之前两次采访姚明的经历，给观众留下深刻的印象，也说明了本期节目与之前采访姚明的节目的不同之处。

主持人杨澜：我看了一些这个美国的报纸对你的报道，还有一些杂志上的文章，最后呢，他们在评论了你各种优点弱点等等之后最后总是说，还是要谈谈他的身高。因为在NBA所有球员当中你现在是第二高的，对吧。谈谈你这个身高吧，你小时候会觉得自己很特别吗？

【案例分析】采访开始时，主持人杨澜就采用了开门见山式的提问方式对姚明进行了提问。选择这一采访方式是因为被采访者姚明是她比较熟悉的人，之前有过两次采访姚明的经历。与此同时，姚明拥有丰富的阅历和被采访经验，主持人一开口，他就能领会到采访者的意图，根本不需要过多的语言铺垫，就能说出主持人想要的内容。

采访过程中，杨澜适时地提出了第一个问题：人们都很关注的姚明的身高问题。通过姚明的回答，我们可以了解到姚明的成长过程以及他是如何进入篮球这一行的。杨澜提出的这个问题简要却又重要，一句话让被采访对象把自己的成长经历作了一个简要讲述，提得非常好，起到了提纲挈领的重要作用。

同时，主持人杨澜能同被采访对象姚明建立轻松、和谐的采访关系。比如，在提问时就像跟一位老朋友聊天，如语气词的运用“呢”、“对吧”等等。轻松、和谐的采访氛围能让被采访对象愿意说，想要谈，这样就能得到更多有价值的资料。

图3-9 杨澜与姚明面对面交谈

主持人杨澜：与此同时，由于缺乏体质上的重大突破，CBN却是步履维艰。看在眼里急在心头，姚明希望把他在NBA学到的先进管理理念引进到中国球队的管理当中。但是当他一回来，自己已经陷入了一张看不见摸不着却无处不在的人情网中。

【案例分析】杨澜在采访的后半部分提出了收购上海大鲨鱼俱乐部的事情，由这个问题说到了当时敏感话题：俱乐部人员的去留问题。在这个敏感问题上姚明可能会有所顾虑，主持人选择在节目的后半部分提出来，时间选择得比较恰当，不会引起被采访对象的不适以及不满，同时把采访引向了更深刻的层面，得到了比较满意的答案，达到了访问的目的。

在整个采访过程中，主持人杨澜所提的问题都是由近及远，由浅入深，循序渐进。先提出姚明对上海队队友及教练的感情问题，再循序渐进问到后来收购大白鲨后考虑整合整个球队队员的去留问题，使问题一点一点深入，最终到关键问题上，这样就会让被采访对象有一个思考的过程。另外，在采访中，主持人提的都是符合被采访对象实际情况的问题，由其回答，这样得到的答案也是最真实的，让观众看到的也是最真实的。

知识点

1. 访问的特点

（1）双向交流的访问形式

在记者的日常采访活动中，口头访问主要采取两种方式：一种是一对一的个别访问；一种是一对多的集体访问。这两种方式多数情况下以面对面直接交流的形式进行。此外，还可以利用电话进行不见面的电话访问，或者利用卫星进行面对屏幕的访问。无论是哪种形式，都是记者同访问对象之间以问答或交谈方式进行的双向交流。

（2）轻松自然的采访气氛

轻松自然的采访气氛会有利于记者的采访，在这种气氛下，被采访对象会更想说，更愿意谈，谈的内容也会更深刻。因此，受访对象同意接受采访以后，记者就要创造轻松的采访气氛，以促进记者和被采访者之间的交流。

2. 访问的步骤

（1）明确采访目的

见到被采访对象后，记者首先必须向对方明确交代采访目的。

☞ 交代什么？

① 你是谁？

② 你是哪个媒体的？

③ 要写一篇什么样的稿件？

④ 你需要对方提供什么？

☞ 为什么交代采访目的那么重要？

① 扫除对方的不信任。

② 帮助对方知道你需要什么。

③ 表明你是来倾听、了解的 。

（2）预约采访

别人没有义务接受你的采访，因此，电话预约采访时应明确提出自己的想法。预约内容包括表明身份、解释你的需求、提出采访要求。

（3）打破僵局

在采访的前几分钟，被采访对象在判断你是否有诚意，是否值得信赖，是否有能力处理他提供给你的信息，并且如愿地写出有关他的情况。所以，采访前的简短谈话至关重要，应尽可能富有人情味，取得被采访者的信任。

（4）提出第一个问题

你提出第一个问题，然后倾听对方的回答，注意从谈话中提炼货真价实的内容。

（5）建立轻松、和谐的采访氛围

如果能建立轻松、和谐的关系，即使采访开始时有点不妙，随着谈话继续下去会逐渐得到解决。建立轻松、和谐的采访氛围，可以从以下几个方面着手：

☞ 寻找共同熟悉的人或事的相似性，取得被采访对象的信任。

☞ 善于驾驭被采访对象的情绪，调节气氛。

☞ 选择恰当的访问场所。

☞ 注重消除被采访对象的紧张心理。

☞ 先入为主，给被采访对象留下良好的第一印象。

（6）提出敏感问题

真正成功的采访大都包含尖锐的提问。任何一个记者在采访中要始终铭记这一点，由此可以间接地引出敏感问题。敏感问题和令人难堪的问题一般放在采访后半部分提出。

（7）结束采访

为了圆满结束采访，记者可运用以下技巧：主动按时停止谈话，如果对方意犹未尽，可适当延续一小会儿；表现你最终的意图，再核实一下做过的记录；询问被采访对象，要不要再补充点什么；留下你的名片；索要采访中所提及的资料。

（8）告别

最有价值的言论往往出现在站在门口说再见时。这时对方经过“正式”的谈话后已经放松下来，很有可能会说出有趣的逸事和观点。记者在这时一定要注意倾听，并事先提醒摄像记者不要关机。

3. 访问的技巧

记者在访问中会遇到各种不同的人，而且访问的场合、报道的方式也不同，因而在访问中要灵活运用多种提问方式，只有这样才能达到采访的理想效果。

（1）记者提问的方式

☞ 开门见山。这种形式一般适用于两类被采访者，一类是采访者非常熟悉的人；一类是文化层次高、社会经验丰富的人。前者因为太熟悉，过于客套、寒暄反而显得见外。采访者可以单刀直入，直切主题。就像平常朋友在一起聊天时的感觉一样，这样不但能够顺利完成采访任务，有时还会有意外收获；后者则因为具有相当丰富的社交经验和阅历，采访者一开口，被采访者就能领会采访者的意图。因此，采访者根本不需要过多的语言铺垫就能采访到想要的内容。

☞ 启发引导。采访工作中，记者遇到的大多数被采访者面对提问时或多或少都会有些紧张，还有的被采访者无论你如何引导他都领会不了采访者的意图。这时，作为采访者千万不能轻易放弃，尤其是遇到对方是唯一了解事件的人时，更不能放弃。采访者需要采取启发引导式的提问方法，在提问时尽量缩小问题的范围，有方向性地提问，帮助被采访者一步一步进入状态，通过不断沟通，从交谈中把握机会，找到理想的素材。

（2）提问应注意的问题

记者提问是一门艺术。提问是检验记者逻辑思维、判断事物、应变能力及口头表达能力的最佳尺度。因此，提问时应注意以下几点：

☞ 由近及远，由浅入深，循序渐进。

☞ 提有特点的问题：最符合被采访对象的实际情况，由其回答最为合适的问题。

☞ 要注意提问的两面性，防止片面性。

☞ 提问要简洁，用语要短，条理要清楚。

二　观察

新闻采访中的现场观察是新闻记者在客观实际中以眼观察、进行检验的现场采访形式。通俗地讲，就是指记者用眼睛将现场所见到的情景、事实用笔或话筒表达出来。现场观察包括两个方面：一是对人的观察，包括人物的表情、手势、眼神、对话及其全身特征等等；二是对物的观察，包括现场的环境、气氛及其景象等等。

俗话说“七分采三分写”，便是强调在采访现场捕捉真实场景的重要性。在采访过程中，记者如果能够深入现场、细心观察，往往就能捕捉到最新鲜、最有意义的主题，猎取到最生动、最有说服力的活材料，写出的稿子也富有生命力。

（一）观察采访的形态

案例：中央电视台《经济半小时》之《白菜滞销之后》（2011年11月7日）

采访稿一

这里是山东枣庄大桥蔬菜批发市场。是鲁南苏北最大的蔬菜市场，主要交易产品是秋冬白菜。现在本应该是最忙的时候，但市场内一片萧条。到底发生了什么样的事情，我们来了解一下这里的情况。

记者看到，已经8点多了，但偌大的市场里，只有两家摊子上堆着一些白菜。听说，最近正是白菜成熟、上市的季节，但记者根本看不到有农户送菜来这里卖。

图3-10 记者现场观察进行报道

采访稿二

种植户李淑慧说起今天终于揽到这笔买卖，笑得很开心。因为菜不好卖，她常去市场转悠，终于发现有人要发一车货，还缺几十斤，赶紧叫丈夫来收。李淑慧家种了四亩多白菜，现在也就卖出去不到一亩，今天的卖价是每斤0.12元，算起来不亏不赚，但菜能不烂在地里，她已经很高兴了。可村里其他的农户，算起这笔白菜账，还是觉得这样下去要亏本了。

图3-11 记者采访某山东菜农

采访稿三

中国社会科学院农村发展研究所研究员李国祥说，滞销的问题往往就大规模地集中在产区。像城市郊区它可能滞销，但是现在这个问题就没有那么严重，农业生产的这个问题应该也是农业发展自身的一个规律，越来越向产区集中。另一个方面，随着我们这个城市化的推进，居民生活水平的提高，我们的农产品的消费越来越向城市集中，向销区集中。那么这样就带来一个什么问题，就是说产区跟销区分离的问题，割裂的问题。那么出现这种分离以后，如果我们仍然按照过去的那种方式，靠政府提供一点信息，一般沟通沟通，然后如果一个地方发生了滞销，政府再组织一次上货，我们再去采购一点，如果老是按照这种方式，那么我们很可能非常被动，也解决不了根本问题。

图3-12　记者采访中国社会科学院农村发展研究所研究员

【案例分析】在采访稿一中，记者从山东白菜价格由去年的一元多跌到现在的一毛多还没人买这一现象开始进入现场，由此展开了一系列的现场采访报道。记者到现场采集到了第一手材料，人证、物证一一俱在，给人以最大限度的真实性和实证性。在采访稿二中，记者亲自到菜地进行现场观察，发现市场附近的白菜地一眼望不到头。可是记者也发现，虽然已经到了收获季节，菜地里却很难找到收割白菜的人。记者又走了十几分钟，终于发现了一家正在收菜的农户，于是，对其进行了现场采访。记者自己亲临现场观察往往可以获得判断事实的依据，有利于鉴别新闻事实的真伪，确保新闻报道的真实性。与此同时，还有利于增强记者的现场感受，获得切身体会，使新闻报道更具真情实感。记者通过直接观察还可以抓取活生生的、有声有色的细节，从而可以增强报道的感染力。在采访稿三中，记者运用旁观式观察，以观察者的角度对整个新闻事件进行了直接的审视观察。同时，请中国社会科学院农村发展研究所研究员就整个事件的原因进行了深入、系统的分析，为有效地指导农民了解市场、适应市场并打开市场的门路做出了指导。

从以上案例看出，采访是记者对现场的观察和挖掘新闻事实的过程。通过现场的观察，记者能够获得第一手材料，提供切实可行的说服力。同时，记者在观察采访活动中要根据不同情况采取不同的观察方式，这样才能取得采访的成功。

（二）怎样进行观察采访

案例：中央电视台《看见》之《专访药家鑫案双方父母》（2011年8月14日）

图3-13 记者采访受害人张妙的家人

【案例分析】记者在现场采访中可以通过观察被采访对象所处的环境，来烘托报道主题。本案例中，记者通过观察受害人张妙生前居住的地方，来说明她的去世对家人造成的影响，使整个报道主题更加鲜明。

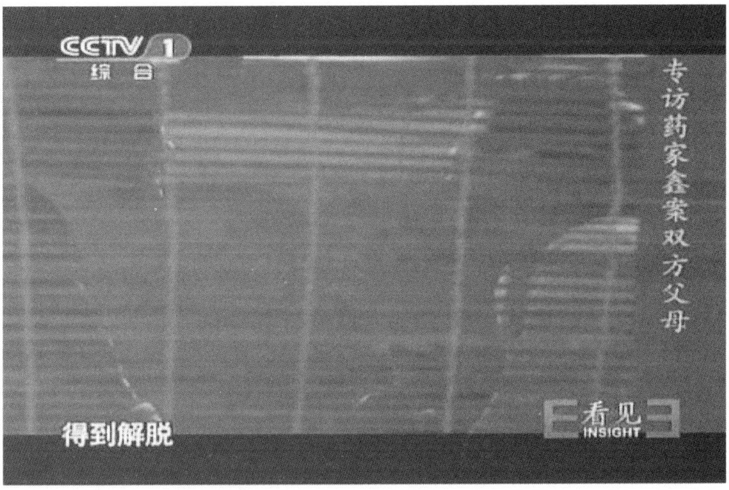

图3-14 张妙母亲因想念女儿失声痛哭

【案例分析】记者在现场采访中除了观察环境以外，还要注重观察人物的活动或是特征。记者柴静原本采访的是张妙父亲，突然间听见张妙母亲在张妙的卧室失声痛哭，于是便走进卧室对其进行采访。通过对张妙母亲的拍摄，让观众更真实地看见此事件对他们带来的影响。

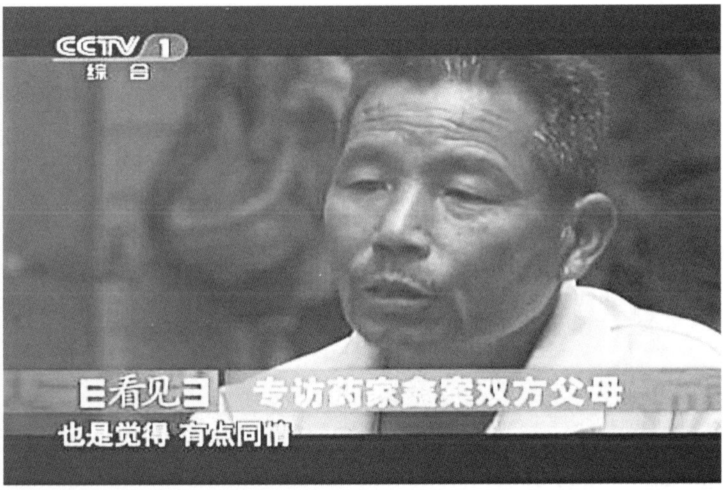

图3-15 采访张妙父亲

【案例分析】被采访对象的语言能够体现被采访对象的内心世界。其个性化的语言更能展现新闻人物的个性特点，使新闻人物更加真实，更加丰满。在采访过程中，柴静问张妙父亲对药家鑫执行死刑怎么看，张妙父亲并没有表现出激动的情绪，而是平静地告诉记者“也同情他的父母”，“我还有两个孩子，还有依靠，可药家没有了”。被采访对象一句朴实的话，体现出他一颗质朴的心。记者的细心观察，用镜头真实记录了一个善良的老人，一个失去女儿却仍保持着一颗善良心的父亲。

图3-16 记者采访药家鑫父亲

【案例分析】在记者的观察采访中，细节也能够真实地反映主题。柴静在采访药家鑫父母时，药家鑫父亲的情绪一直比较稳定，面对记者的各种提问能够平静地进行回答。但当柴静问到药家鑫执行死刑前的十分钟与家人见面谈话时，药家鑫父亲再也控制不住，开始流泪。此时，摄像机镜头给了药家鑫父亲几个特写，通过特写镜头，观众感受到一个失去儿子的父亲的痛苦而又复杂的心情。

首先，通过《专访药家鑫案双方父母》节目的采访，我们发现，采访中观察的角度很重要。选择恰当的观察角度进行报道，就能抓取到最有特色的情景，更能烘托报道主题。此采访中，柴静选择的角度都是其他媒体忽略的小的细节，借助双方家人的谈话来表明对整个事件的态度，打消了外界报道的揣测。

其次，记者的解说词体现了观察与思考的结合。柴静通过对两家家长的直接采访得出记者的深入思考，在报道的最后提出了具有社会普遍性的问题：中国家庭该如何对孩子进行教育？问题深刻而又尖锐，值得观众深思。

最后，记者在采访中要善于把现场观察和背景资料相结合。记者通过采访药家鑫的父母，详细了解到药家鑫的成长经历，为观众展示了一个不同于其他媒体报道的药家鑫。整个报道更真实深刻地展示了事件发生的深层次原因，使主题更加鲜明。

知识点

1. 观察采访的形态

电视新闻是形象画面的报道，现场观察采访更加重要。它有利于记者获得第一手材料，增强新闻的权威性和可信度；有利于增强记者的现场感受，获得切身体会，使新闻报道具有真情实感；有利于采写“视觉新闻”，克服新闻“假大空”的弊病；有利于缩短采访的认识过程，便于记者用通俗、形象的语言报道深奥、抽象的专业领域的复杂知识。观察采访的方式有以下几种：

☞ 旁观式观察：记者进入现场，亮明身份，以观察者的角度对采访事件进行直接审视的观察方式。旁观式观察是目前采访中运用的最为普遍的一种观察方式，能够为被采访者创造轻松的氛围。

☞ 隐蔽式观察：记者不公开身份深入现场进行观察或混入被观察的群体中，从而掌握大量第一手材料的观察方式。隐蔽式观察常运用于批评报道中，揭露新闻事实的真相。隐蔽式观察的结果表现在屏幕上往往能引起观众的兴趣和关注，但是也容易引起一些争议。因而，记者采访时要十分慎重地运用这种方式。

☞ 体验式观察：记者全身心投入采访的现场，与被采访对象一起工作，一起生活，体验现场气氛，获得切身感受的方法。体验式观察使记者在整个采访过程中进行深刻体验，加深理解认识，直至最后完成生动真切的采访报道。在电视报道中，有许多带有冒险性的活动需要记者亲自去体验、参加，同步进行拍摄采访。

2. 观察采访的主要内容

☞ 观察新闻现场的典型环境

在记者的现场采访中，有些现场观察采访场面很大，内容丰富多彩，令人眼花缭乱。记者在观察中要能够看出名堂来，要能够抓取最有特色的情景，判断哪些是有价值的事实材料，用以烘托报道主题。

☞ 注重观察人物活动和特征

在新闻现场的观察采访中，现场的气氛除了场景烘托外，主要靠人物活动来表现，因此，记者在采访中要观察新闻人物的外貌以及表情，借此展现被采访对象的个性特征。记者在采访中还要观察新闻人物的语言和动作，要细心观察，用镜头去真实反映。

☞ 捕捉生动、有特点的细节

在记者的观察采访中，能否抓取有新闻价值的细节，是对记者观察能力是否敏锐的检验。如果电视新闻对细节运用得好，能小中见大，见微知著，那么新闻人物就会更丰满，新闻事件会更生动，新闻报道也更具表现力和感染力。因此，记者要细心观察，精心选择，该等待的时候要耐心守候，该抢拍的时候要分秒必争，以便及时抓拍到最能触动观众情感的细节。

3. 观察采访的方法

☞ 选好观察的位置和角度

有些现场观察采访场面很大，内容丰富多彩，令人眼花缭乱。这就要求记者在现场的观察中要能看出名堂来，要能够选择恰当的观察位置和角度进行报道，抓取到最有特色的情景，判断什么是有特色的事实材料，用以说明、烘托报道主题。遵循的方针是要全面、准确、清楚地反映主题。

与此同时，还要注意在移动中进行观察；事物的整体与局部的观察；人物与景物的观察；多角度、全方位的观察等等。

☞ 粗看和细察相结合

粗看，即宏观观察法，是指在观察中要看清事物的轮廓、全貌，让观众看到事物的整体面貌。细察，也叫微观观察法。在新闻报道中，有些重要的活动现场、情景需要展现整体场面，通过把握全景、环视全景寻找到细节。既要着眼轮廓，还要通过各个不同细节来勾勒、表现整体。因此，记者在观察采访的过程中要深入、细致地观察事物的本质，以揭露新闻事实的真相。

在运用粗看和细察相结合的方法时，要注意总体把握突出重点、粗细结合、以细为主的原则。

☞ 观察与思考相结合

现场的气氛除了场景烘托外，还要靠人与物的活动来表现。因此，记者在现场采访时，还要注意把观察与思考相结合，看出异中之同或同中之异。对实体的直接观察和记者深入的思考与辨别，才能做出使观众感觉如临其境的报道。

☞ 现场观察和背景资料相结合

新闻背景指新闻事实发生的历史、环境与原因，说明、解释事件发生或人物成长的主客观条件及实际意义，为烘托新闻主题服务。背景材料在新闻的观察采访中具有解释说明的作用，因此，在现场观察采访中，观察要与背景资料相结合。

综上所述，观察是报道的起点。既“观”又“察”，才能发掘出事物与众不同的特点，使报道具有新意。因此，记者在采访过程中要善于思考、勤于思考，把自己的观察贯穿于采访的始终，这样才能做出好的报道。

三　其他采访方法

新闻采访除了新闻现场采访与新闻现场观察以外，还有一些其他的采访方法，主要包括一般性采访与敏感性采访。下面我们就一般性采访和敏感性采访两种方法进行介绍。

（一）一般性采访

一般性采访是指直接找主管领导、负责人谈话，了解工作过程、经验、成绩、教训、缺点、群众反应等情况，同时还要征求领导对采访报道计划的看法、评价、意见或建议，让新闻本身对政策和事实的报道更准确。一般性采访还可以在了解某个重点问题和全面情况时采取形式简便、效果显著的调查会的方式，必要时为了解某个具体问题或细节，找当事人或其他知情人进行个别访问和细致调查。此外，记者可以从现成书面材料中找到一些可用的线索，之后自己再亲临现场进行采访。

一般性采访较之其他采访形式，报道形式更程式化，报道内容更偏重于决策意见、政策的实施等，因而它被更多运用于会议新闻的报道中。

案例：中央电视台《第一时间》之《两会报道》(2011年3月4日)

图3-17　主持人介绍两会具体情况

《国民经济纲要发展》是今年两会最为关注的焦点。《国民经济纲要发展》的出台是经历了一系列严密的准备和研究活动的。这个时间长达两年半，早在2008年的时候就开展了准备活动。今年3月14号代表委员们将对这份草案表决。代表委员们对这份草案到底是怎么看的？下面我们一起来看看。

图3-18　全国人大代表就发展纲要发表自己的观点

经济的可持续发展重要的还是节能减排，用低碳技术建造绿色建筑。

图3-19　全国人大代表就发展纲要发表自己的观点

居民养老保险能够按照每年超过10%的增幅来发展。教育，是要解决优质教育资源共享问题。

图3-20 全国人大代表就发展纲要发表自己的观点

就业是民生之本，必须把就业工作抓得更好。要想群众的收入进一步提高，我们首先是要发展生产，增加就业岗位，包括扩大招商引资，做更多好的项目；其次我们要进一步提高劳动者素质，提高他们就业的能力。

【案例分析】首先，在一般性采访中，可以事先列出一份问题清单，问题准备得越好，采访就越容易进行。此案例中记者在采访前先对2011年两会的情况作了具体的调查，从纷杂的选题中遴选出今年人们比较关注的问题进行采访。同时，对《国民经济发展纲要》也提前下功夫做了深入了解，在节目中给观众以详细的解释说明，让观众了解到什么是《国民经济发展纲要》及其重要性，这样在采访中就不会出现没有问题可问的情况。其次，一般性采访要注重例证的选择。对新闻报道来说，例证材料是很重要的，采访的过程往往就是收集大量新闻素材的过程，因此，必须对所掌握的材料进行主题提炼，选的材料一定要精。本案例中甄选出三位全国人大代表对《国民经济发展纲要》的理解进行采访，就是选取了恰当的例证。三位人大代表的提案也是目前老百姓比较关注的节能减排问题、居民养老保险问题以及就业问题，因此，此案例的被采访对象与新闻事件在两会中都是具有代表性的。最后，摄像机拍摄的画面能提供直接引语，在使用被采访对象原话时要确保准确无误。在新闻报道中，引用被采访对象的话不能断章取义，不能只用一句或者是一部分，要全部如实地引用。本案例中关于全国人大代表的采访就比较全面，对每个代表要提议的问题进行了如实地引用。

（二）敏感性采访

敏感性采访是指内容涉及敏感性问题的调查报道或舆论监督报道。这类新闻的被采访对象因为担心记者的采访有可能对其产生不利或者新闻报道后受到被监督的个人或单位的报复，因此对记者的采访采取消极应付或直接拒绝。敏感性采访一般能更真实、更客观地获取第一手材料，增强报道的说服力和可信度。

案例：中央电视台《午夜新闻》之《有机蔬菜“迷局”》（2012年1月4日）

图3-21　主持人介绍本期节目

出于健康考虑，有机蔬菜越来越受到人们的青睐。在超市里有机蔬菜的价格要比一般食品的价格贵上几倍甚至几十倍，但是消费者还是觉得这个钱值得花，因为有机食品意味着更健康，更安全，特别是有机蔬菜更是受到了青睐。根据国家标准，有机蔬菜指的是整个生产过程中都必须按照有机农业的生产方式进行种植的蔬菜，以及生产过程中完全不使用农业化肥生产、生产调节剂，不使用转基因技术。同时还必须经过独立的有机机构全过程的质量控制和审查，以保证它的纯天然、无污染的特点。那么，市场上的有机蔬菜是否货真价实呢？

【案例分析】《有机蔬菜“迷局”》节目是一期舆论监督报道。主持人从目前人们关注的健康问题入手，关注老百姓重视的有机蔬菜问题。上述解说词具体解释了什么是有机蔬菜，之后转到目前市场上的有机蔬菜是否货真价实的问题上，带观众揭示有机蔬菜“迷局”的真相。

图3-22　记者采访菜农

记者：打药是吧？

菜农：打药。

记者：打的什么药，这个是？这个药？五硝苯。一次要放两袋吗？

菜农：对。

【案例分析】《有机蔬菜“迷局”》属于敏感性采访。记者在采访中，首先在心理上要将自己摆在一个旁观者的位置上，以旁观者的角度来进行采访，这样在采访过程中可以更全面地看待问题，使采访更真实。本案例中记者到农场采访菜农，客观地获取了第一手材料，增强了报道的说服力和可信度。

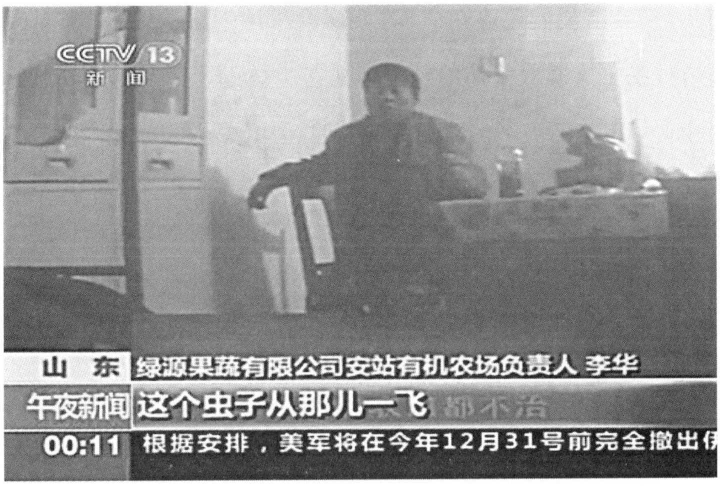

图3-23 记者采访绿源果蔬有限公司安站有机农场负责人李华

李华：光你地里治了（虫子），其他农田里不治，这个虫子从那一飞，马上飞过来。

记者：那别人的虫子飞过来怎么办？

李光：只有靠农药控制它了。你要不拿农药怎么办？

记者：杀菌药？什么杀菌药啊？

李光：就那个氢氧化铜。

【案例分析】首先，敏感性采访中被采访对象的选择要准确。在选择敏感性新闻的被采访对象时，要比较准确地了解被采访对象之间的关系。本实例中记者首先采访了两位菜农，就给蔬菜打的什么药进行了采访。之后记者采访了绿源果蔬有限公司安站有机农场负责人李华，就整个农场给蔬菜打农药的情况做了详细的了解，使整个事件更全面、更准确地呈现在观众面前。

其次，需要注意的是，敏感性采访在提问时要先向被采访对象提出一些容易的问题，让其轻松地回答，并且取得信任。在采访的最后时刻提出棘手的问题，如本案例中提出有机蔬菜打农药的问题。在采访农场负责人时，主持人先提出"有虫子怎么办"的问题，让被采访对象轻松地回答，接着问"别人的虫子飞过来怎么办"，让被采访对象在没有任何负面情绪的时候回答了记者的核心问题。

通过以上案例，我们还应知道，在敏感性采访中，要先采访与新闻事件相关的外围采访对象，这样对采访的新闻事实有大体的了解。同时，记者掌握的这些情况也可成为与关键被采访对象打交道时运用的筹码。

知识点

1. 一般性采访

一般性采访需要注意的最重要的一点是引用线索时切忌照搬照抄。除此之外，一般性采访还要注意以下几个问题：

☞ 准备问题清单

记者除了获取背景资料外，还要做出准备好的问题清单。在采访中，要事先把问题准备好。只要采访顺当，人物健谈，访问就会顺利进行。在大多数情况下，新的问题会在采访过程中随时出现。

☞ 录音机的使用

电话采访、特稿采访时，更多的使用到录音机。在使用录音机时也要防止录音带用完或者录音机没电的情况发生。因此，采访前要做好充分的准备。

录音机能提供直接引语，可以直接使用对方的原话且准确无误。但也可能影响人们自如地谈话。面对录音机，被采访对象可能会紧张，感到束缚。因此，要正确引导被采访人，消除其紧张情绪。

☞ 精确使用引语

使用引语时表达要精确，尽量引述一个完整的引语。采访过程中，虽然常常只能获得部分引语，但是使用时尽量用引号来引述直接引语。

那么要精确到什么程度？就是要在引用被采访对象的话时不能断章取义，要全部如实地引用，而不是按照记者的理解或者是采访的要求截取某个片段或是某句话。

☞ 注重例证的选择

对一篇报道来说，例证材料是很重要的，采访的过程往往就是收集大量新闻素材的过程，所以，必须对所掌握的材料进行主题提炼，精选材料。但如果把所有好的事例、素材不加选择地都罗列出来，受众反而不会有太大触动。

2. 敏感性采访

在敏感性采访过程中，记者需要注意的是必须以社会公共利益需要为前提，且在法律许可的范围内进行，同时要求严格遵守有关法规。

敏感性采访要注意以下几个问题：

☞ 记者心理的准备

在敏感性采访中，记者首先在心理上要将自己摆在一个旁观者的位置，以旁观者的角度进行采访，这样在采访过程中可以更全面地看待问题，使采访更全面、更真实。其次，采访过程中也要防止记者自己的性格弱点妨碍与被采访对象的交流和采访的顺利进行。在接触那些身份特殊的被采访对象时，对他们人格上的尊重更为重要。只有在短时间内与被采访对象聊成“自己人”，聊成他可以信赖的朋友，走进他的内心深处，才能得到更准确、更详实的采访内容。

☞ 被采访对象的选择

在选择敏感性新闻的被采访对象时，要比较准确地了解被采访对象之间的关系。如果几个被采访对象同时接受采访，要防止他们之间的利害关系或者某个被采访对象是上司安插的眼线，怕员工对记者提供一些他认为不利于其公司的信息，从而导致其他的被采访对象不能提供全面的情况或根本就不接受采访。

☞ 敏感性问题的提出

在采访的最后时刻提出棘手的问题。记者可以先向被采访者提出一些较为容易的问题，让他们轻松地回答，并且取得信任，然后在最后击中要害。

在采访中，被采访对象一般会拒绝回答敏感性问题。遇到这类情况，记者就要依靠之前掌握的信息，注意采访过程中的一些小细节。小细节往往不被人注意，但只要经过一番细心观察与审视，适时地提出敏感性问题，再把它同周围的事实联系起来，就会发现隐藏在小事背后的重大事件。同时，选择与众不同的角度，揭示出新鲜、深刻的主题，这样就会收到常规思维所达不到的新闻效果。

☞要借助外围采访对象

在敏感性新闻采访中，与新闻事件有直接或间接关系的被采访对象一般会消极对待或是拒绝采访。在这种情况下，记者如果想避开新闻事件的主要责任人，掌握所要的全部或部分新闻材料，就应该不要一开始就直接采访他们，而要首先采访与新闻事件相关的外围采访对象，这样至少对要采访的新闻事实有大体的了解。同时，记者掌握的这些情况也可成为与关键被采访对象打交道时运用的筹码。否则，一开始就采访新闻事件的主要责任人，就会打草惊蛇，或遭到他们的拒绝，导致没有回旋的余地，结果很可能会使采访流产或者陷入采访的僵局，加大采访的成本。

第二节　采访方式与手段

采访除了讲求方法和技巧外，通过什么样的形式进行采访也至关重要，尤其在信息科技高度发达的当今社会。本节就采访的方式和手段展开论述。

一　采访方式

采访方式是指记者准备用什么形式来进行采访。在采访过程中，一系列行为方式的顺序排列、过渡、组合能否达到协调统一，依赖于记者掌握技能的熟练程度。

采访的方式多种多样，常用的方法有等候采访、跟踪采访、即席采访、调查采访、书面采访和网络采访等，每种采访方法有其自身的特点和作用。掌握了这些方法，就可以根据报道要求，选择最适用的方法，提高采访的成功率。

案例：等候采访与跟踪采访：《每日新报》之《走近街头“丐帮”》

在街头遇到过乞丐的读者恐怕都不知道，这些将乞讨作为职业的外来务工人员在天津有住房、有家属，每天定点上下班，有休息日、有忙有闲，是月薪千元的“蓝领”。用了一周的时间，新报记者跟踪采访了来自甘肃、河北等地的三批职业乞丐，深入他们生活的圈子，揭开了“丐帮”生存的秘密。

“寻子”新闻引出线索

4月14日，新报热线接到了一个求助电话。一个无锡女子偶然在网上看到一张酷似儿子的照片，专程来津寻找失散7年的儿子，向我们寻求帮助。照片的主角是一名乞讨的男孩儿，于是，我们便沿着这一线索，从经常出没在街头的乞丐口中探听消息。

每日新报

24日

星期五

走近街头“丐帮”

9:00 按时上班

17:00 坐车下班

18:30 回家买菜

小别墅，红动天津！

TEL: 26981188/1166

我核潜艇亮相最大规模海上阅兵 03.05

津城每个街道都得招高校毕业生 20

贺海信蓝媒网络液晶全线上市 40吋全高清液晶预售价3999元

5月“百花节”邀您共赏

(022) 6850 5555/6666

蒙娜丽莎瓷砖

激情五一国展中心购物节

2005.4.25-5.4

展会明日盛大开幕

全线 5折

图3-24 《每日新报》记者跟踪采访，揭秘“丐帮”

寻访过程中，我们意外地从当地村民口中得知，东丽区杨台村居住着一大批靠乞讨为生的乞丐。沿街乞讨是危险做法，也是违法行为，那么，他们为什么不远千里来到天津，穿梭于车流之中大肆乞讨？乞讨收入如何？他们又是怎样在天津扎下根儿的……一个又一个问题不断在我们脑海中浮现出来。

相信在街头遇到过乞丐的读者朋友也和我们一样想知道答案。于是，我们准备通过跟踪采访的方式为读者揭开其中的秘密。为期一周的跟踪采访开始了……

模仿电影情节换位跟踪

要揭开乞丐生活的秘密，就要找到他们的家。在南楼、海光寺、滨江道等地区的繁华路口蹲堵了三天，我们终于摸清了这三批"丐帮"成员的工作时间，并通过长焦镜头拍到了他们"工作"的画面。接下来，我们要做的便是顺藤摸瓜，探访他们的家。

让我们没有想到的是，他们的警惕性相当高。摄影记者赵建伟跟着他们从海光寺向公交站走去，或许是有明显标志的摄影包引起了他们的注意，一路上，他们不断回头观望，步伐时快时慢，甚至故意停下来坐在路边休息。由于担心暴露目标，我们决定放弃这次跟踪。

为了不引起他们的注意，我们先将照相器材隐藏好，随后改变跟踪策略。第二天，我们直接驱车跟踪他们乘坐的公交车，锁定了他们居住的区域——东丽区杨台村。

第三天，我们模仿电影中的跟踪情节，赵建伟先是戴着遮阳帽跟着他们上了公交车，站在他们身后伺机拍照。我则在中途的公交站上车，换下赵建伟继续跟踪，转移他们的注意力。赵建伟下车后，换上破旧的衣服，直接打车到他们下车的终点站蹲守。下车后，我们一前一后，始终和他们保持着距离，通过换位跟踪的方式，终于找到了他们的家。

"买通"乞丐套出秘密

经过两天起早贪黑的跟踪，加之沿途走访附近村民、公交司机，我们终于掌握了居住在这片区域的“丐帮”成员的生活习惯、作息时间。接下来，我们就要和他们零距离接触，进一步搜集生活细节。

为了一次成功，避免引起他们的怀疑，我们在之前做足了功课。我们从房东口中得知，他们基本都没有接受过正规教育，文化程度较低。因此，如果直接以记者身份进行采访是肯定达不到目的的。于是，我们以租房者的身份先接近房东，再以未来邻居的身份给住在附近的“丐帮”成员又是递烟又是买饮料。这些东西加上从同事胡凌云那里学的几句湖南话，很快让他们打消了对我们身份的怀疑。我们一边和他们扯家常，一边有意无意地打探他们来津的原因以及家人如何在津生活，为什么选择城郊结合部作为“聚点”，每月收入等隐私话题……

当4月24日《走近街头“丐帮”》的报道呈现在读者面前时，这次跟踪采访也画上了圆满的句号。

在为期一个星期的采访中，记者跟踪“丐帮”成员两天，每一次都是在刻不容缓的状态。由此可见，跟踪采访是相当讲究时效、节奏很快的采访形式。记者必须急中生智、不辞劳苦、眼明腿快才能适应不断变化的环境，抓住不断延伸的线索，得到切实可靠的事实。整个报道顺着事件发展进程，运用现场纪实手法，有力地表现了主题。

（资料来源：《走近街头“丐帮”》,《每日新报》2009年4月24日）

【案例分析】跟踪采访是目前新闻节目中常用的采访方式，在某些特殊情况下，也是唯一有效的方式。《走近街头“丐帮”》是一篇等候采访与跟踪采访两种方式相结合的综合性报道。首先，记者通过跟踪采访的方式对事件进行报道。新闻事件从新报热线接到一个寻找儿子的求助电话开始，从小线索入手。在寻访孩子的过程中，记者了解到天津有一大批靠乞讨为生的乞丐，这些乞丐有组织而且警惕性高，这是此新闻事件符合跟踪采访的情形之一：涉及面广，头绪多。因此，在整个采访过程中，记者需要抓住不断延伸的线索，适应不断变化的环境。只有采用跟踪采访的方式，才能获得新的线索，揭露事件的真实情况。

此外，整个新闻报道还采用了等候采访的方式。在《走近街头“丐帮”》这篇报道中，记者事先选择好拍摄位置和跟踪路线，力求拍到好的画面。两位记者确保新闻线索持续进行，在天津的南楼、海光寺、滨江道等地区的繁华路口蹲堵了三天，最终摸清了三批“丐帮”成员的工作时间，并通过长焦镜头拍到了他们“工作”的画面。

案例：即席采访：中央电视台《新闻直播间》之《十一届全国人大四次会议新闻发布会》（2013年3月4日）

图3-25 新闻发布会现场

【案例分析】即席采访多用于新闻发布会、记者招待会的采访当中。《新闻直播间》节目的《十一届全国人大四次会议新闻发布会》就是一种即席采访。

图3-26 光明日报、光明网记者提问

发言人您好。我注意到发言人发布的会议议程中没有听取“十二五”规划纲要的安排。据我了解，每年都会听取计划报告和预算报告。“十二五”规划大家都很关注，但是却没做出听取的安排，想请发言人解释一下其中的原因。第二个问题，去年全国人大常委会围绕编制“十二五”规划开展了多项专题调研，多和统筹城乡改革有关。这几年比如成都，在推行城乡一体化过程中都有很好的探索。请问发言人，今年人大是否考虑去开展这方面的专题调研或者听取报告，来加快推进统筹城乡改革，破解二元结构？

【案例分析】新闻发布会现场记者很多，对记者的提问技巧要求也非常高。在《十一届全国人大四次会议新闻发布会》的采访中，光明日报、光明网记者的提问就显示出了高超的技巧。

1. 在发布会现场，记者围绕人们普遍关注的“十二五”规划纲要的内容展开提问，这些问题的切入点很准。记者通过自己的提问使发言人亮出了政府对本事件的态度、措施或实施方案。

2. 在整个采访过程中，记者的思维很活跃，能将发布会中一个小问题与特定的事件联系起来思考：记者注意到会议议程中没有听取“十二五”规划纲要的安排，从一个小问题导出一个具体的而又牵一发动全身的与“十二五”规划中城乡统筹改革有关的问题，把它作为提问的中心内容。因此，问“活”问题，可以通过小中见大的途径引出更丰富、更复杂、更深刻的话题，这样不但能说得开，而且还能说得深。

3. 新闻发布会要求记者在有限的时间里要提出几个重要的问题，这就要求记者要善于提炼关键词。提问不是滔滔不绝问个没完，或旁若无人一个劲地反复追问，而是要求提问必须思路明确、重点突出。在提问过程中，光明网、光明日报的记者在这一点上做得不是很好。整个提问耗时较长，关键词提炼不精确，提问过程显得冗长拖沓。

4. 新闻发布会上还有一点非常关键，就是要懂得尊重对方，把握分寸。要想在记者招待会上能够提出有水平的问题，能够让自己提出的问题引起领导人或发言人的重视，提问分寸的把握很重要。光明网、光明日报的记者做得比较好。她的提问也正是很多观众所关注的问题。通过媒体，政府可以全面、完整地将关于统筹城乡改革的情况通报给观众，实现真正的信息对称。

案例：调查采访：中央电视台《新闻调查》之《血燕真相》（2011年8月20日）

图3-27 《新闻调查》新闻选题的遴选

在电视新闻报道中，调查采访是一种运用较多的表现手法和节目样式。

【案例分析】《新闻调查》作为一档新闻调查性栏目，选题的遴选至关重要。我们分析一下《血燕真相》的选题特点：首先，随着当前经济水平的发展和人们对健康问题的日益重视，补品越来越成为公众关注的焦点。因此，血燕作为目前市场上热炒的一种顶级补品，更受到人们的关注。此选题抓住了人们的关注点。其次，健康问题是人们生活中一个非常关键的问题，也是消费者非常关注的问题。人们对血燕的营养价值和食用安全需要有全面的了解和正确的使用，所以，此选题紧扣百姓热点话题。最后，在此之前还没有电视台、报纸等媒体对血燕问题进行过报道，因此，独此一家的报道更有新闻的看点，选题具有独家性的特点。

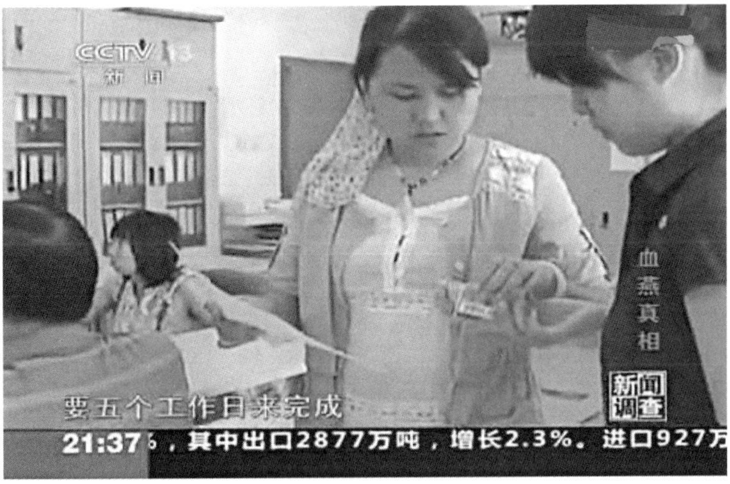

图3-28　记者送检血燕

图3-29　记者暗访血燕销售商

【案例分析】《新闻调查》节目在调查采访方式上较之其他节目有所不同。记者作为调查记者的形象出现在屏幕上，让观众产生期待心理，吸引受众。

在《血燕真相》的调查采访中，前半部分采取了暗访的方法。暗访是做调查性报道最常用的办法，与一般新闻采访中记者表明身份与讲明采访意图完全不同。采用暗访的方式，记者能挖掘到更多内幕，揭露事件的真相。此调查采访中，记者以一位普通消费者的角色进行调查，更真实地反映了目前市场上血燕的销售情况、价格和消费人群。

图3-30　记者采访浙江工商经济检查处工作人员

【案例分析】《新闻调查》栏目的新闻采访采用多源印证的方式进行。调查性报道的采访目的是要查出有关问题的事实证据，因此，为了防止片面与孤证，还要特别注意一些重要问题要进行多渠道、多途径的印证。在《血燕真相》采访中，记者借助目前消费者对血燕中亚硝酸盐含量的疑问，亲自到血燕的销售商店询问血燕的销售情况以及血燕的营养价值、作用等问题，并买下一些血燕送到检测点检测血燕中亚硝酸盐的含量。与此同时，记者还到浙江、广东等地参与对血燕的抽检活动。记者还找到多位专家，就什么是亚硝酸盐以及血燕燕窝中含亚硝酸盐的危害做了进一步的采访，使整个采访结果更具权威性。调查一个问题，能够印证的渠道越多，就越有说服力，报道的内容就越丰富。

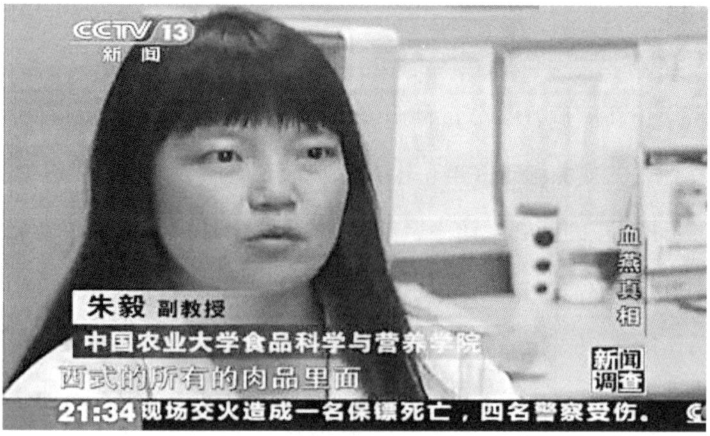

图3-31　记者采访中国农业大学食品科学与营养学院副教授

【案例分析】调查采访往往花费的时间较长，因此，在调查采访时要注意时效性。《血燕真相》节目采访的地点多、人物多，时间跨度较长，从7月26日从北京送检第一份血燕燕窝开始到8月10日浙江、广东等地血燕燕窝抽检活动的采访，历时半个月之久。在采访过程中，时效性尤为重要，如果一期节目的采访周期太长而错过了最佳播出时间，就显示不出此新闻调查的作用与意义。《血燕真相》播出非常及时，让消费者很快就了解到血燕燕窝的真相，产生了很大影响。

案例：书面采访

亲爱的ＸＸＸ先生：

如蒙惠赐充足材料，ＸＸ杂志准备撰写一篇有关您15个商店的专稿。仅烦接受一个半至两个小时采访，别无其他负担，亦与广告无关。

我最近写了一篇关于一家公司的文章，这家公司与您的公司属于同一类型，特此附上该文复印件一份，或可使您对我需要的材料有所了解。

请告知对这个建议您是否感兴趣，以及我何时可以见您，不胜感激。

姓名

单位

日期

联系方式

信函常用言简意赅的文言语体，包括以下用词：

开头语词：欣闻、欣逢、顷悉、兹因、据核实

结尾词：谨致谢忱、为盼、为荷、恳请、特请

谦词：承蒙惠允、不胜感激、不胜荣幸

表希望词：希予、请、务请、予以、给予

请示词：恳请、拟请

征询词：妥否、当否、是否可行、如无不妥请回复

称谓词：您、本社、贵单位

表时间词：在即、当即、即日、从速、届时、不日、如期、不时

转折词：凡、皆、因此

约定俗成词：统筹兼顾、惩戒、审核、事宜等

书面采访是伴随着职业记者的产生而较早出现的采访方式，在今天的电视媒体和其他媒体中仍被沿用，是记者需要掌握的采访方式之一。

除了书面采访以外，随着网络的出现，网络传输方式更加方便、快捷、安全，而且交互性强、费用低。记者足不出户即可通过网络完成特定的采访，即网络采访。

在媒体竞争日益激烈的环境下，网络新闻资源也越来越受到传统媒体的重视。越来越多的传统媒体开始利用网络，即以网络为平台，推出了“新闻QQ”、“新闻博客”、“网络留言板”等栏目，以此开拓新闻资源。可以说，在信息时代，谁更好地掌握了网络新闻资源和网络采访方式，谁就能在新闻资源的开拓上更深入。

在下面的知识点中，我们将对网络采访的四种方式进行具体介绍。

知识点

1. 等候采访

等候采访，是记者预知或预测即将有新闻发生，提前到特定场所等待采访。

新闻一旦发生，特定现场稍纵即逝，这些都给等候采访带来了难度，同时也提出了特别要求。等候采访要求事先选择好拍摄位置和采访路线，抓住一切能够接近重要新闻人物和进入特别现场的机会，抢先拍摄。

对比较重要的人物和重大事件的采访，保卫人员往往会严加限制。因此，记者需要想方设法解释、沟通，否则电视拍摄很难进行。同报纸、广播记者相比，电视记者进行等候采访要更为艰辛。不但要有“守株待兔”的精神，而且还要眼观六路，耳听八方。

2. 跟踪采访

跟踪采访就是顺着新闻事件的发展过程，穷追不舍、尾随采访。

采用跟踪采访的四种情形如下：持续一定时间的新闻事件；群体性的活动；新闻人物多、地点多的活动；范围广、头绪多的复杂事件。

跟踪采访是常用的采访方式，在特殊情况下，是最有效的方式。在跟踪采访中，记者要抓住不断延伸的线索，适应不断变化的环境。只有不辞劳苦、急中生智、动作敏捷，才能追踪到有价值的新闻。

3. 即席采访

即席采访多用于新闻发布会、记者招待会的采访。在电视报道中，即席采访已成为较有吸引力的电视报道方式之一。

即席采访提问的方法：

（1）找准一个好的切入点

所谓好的切入点，就是与新闻事件的最新进展有紧密关联、提问对象最有发言权、广大受众最为关注的问题。要找到这样的切入点就应该高度重视提问内容的新闻性。但是，更为重要的是如何使提问的对象能够表露他对新闻事件的具体态度。要达到这样的目的，记者的思维必须活跃起来，必须把想问的问题即特定的时间、相关的人物、曾经发生过的类似事件联系起来思考，尽量提出具体的又能牵一发而动全身的问题，把它作为提问的中心内容。

（2）提炼几个关键词

记者招待会由于本身具有的特点，要求记者珍惜获得提问的宝贵机会。这不是说抓住麦克风就不放手，滔滔不绝问个没完，或旁若无人一个劲地反复追问，而是指提问的问题必须思路明确、突出重点，要确保提问的质量。因此，在记者招待会上的提问要以质取胜，要通过所提问题在社会意义、思想深度、新闻敏感和提问策略等方面的高水平的表现，去赢得所回答问题的领导人、新闻发言人、现场同行和广大受众的认同，真正实现信息获取和人格表现的双丰收。

（3）尊重对方，把握分寸

如果在记者招待会上的提问能够引起领导人或发言人回答的兴趣，得到他们的重视，恰好成为他们澄清事实、说明情况、阐述道理的契机，能够使“问”

与“答”双方在相辅相成中获得双赢，那这就是最有水平的提问。

4. 调查采访

调查采访选取的事件多为某些个人或组织企图掩盖事实真相的事件，选题内容为公众所普遍关心的话题，由媒体独立完成真相的披露，不是简单地报道他人完成的调查。要注意的是调查采访的采制时间和报道篇幅。

（1）调查采访的特征

☞ 多源印证。调查采访的目的是要查出有关问题的事实证据。为了防止片面与孤证，要特别注意一些重要问题的事实要有两个以上的人或证据证明某件事的发生。调查一个问题时，能够印证事实的材料越多，就越有说服力，报道内容就越丰富。

☞ 采取暗访的方法。暗访是调查性报道的记者最常用的办法，与一般新闻采访中记者表明身份与讲明采访意图完全不同。

☞ 花费时间多，采访周期长。花费一两个月或是一年的时间完成一篇调查性报道是常有的情况，更有甚者需要几年的时间来完成。

☞ 风险始终相伴。在调查性报道的采访中，记者常被夺去相机、砸坏摄像机，有时还被打伤、扣留，人身安全受到威胁。即使历经艰难完成了调查，只要被揭露的对象听到了风声，就会千方百计地用说情、利诱、威胁等手段来阻止报道的发布。

（2）调查采访选题应注意的问题

调查采访的目的在于披露事实的真相，其题材相当广泛，涉及社会生活的各个方面。选题的遴选应注意以下几个方面：

☞ 公共性：公众所关注与感兴趣的难点、疑点、重点、焦点问题，或者影响范围广的热门话题等。

☞ 重要性：真正的调查采访会给社会带来某些影响。

☞ 故事性：从受众阅读角度考量，选题必须关注题材的曲折性、冲突性、显著性、异常性（荒诞性）、人情味。

☞ 独家性：最好是独家报道。如果大家都做过，那就要做出别人做不到的深度，发现别人没有发现的内幕。

☞ 时效性：调查采访往往周期比较长。因此，要求记者在调查采访时要注意时效性。

虽然选题遴选比较重要，但调查性报道成败的关键在于采访调查环节。一个好的调查性报道记者的工作量配置应该是：10%用于选题遴选；75%用于采访调查；10%用于思考梳理；5%用于新闻写作。

5. 书面采访

书面采访是记者以书信的形式将问题写下来，寄给或面交被采访对象，然后根据对方的回信或面谈进行报道的采访方式。

在以下几种情况中多用到书面采访：被采访对象没有时间；被采访对象在外地，记者不能前往；记者无法接近被采访对象，可用写纸条的方式进行采访。书面采访可以突破时空界限，在同一时间采访不同地区、不同国家的许多人。书面采访还是进行补充采访的一种方法。

书面采访要注意的问题：

（1）书面预约。书面预约与电话预约一样，是用于联系面对面采访的方法，比电话留言更严谨。

（2）说明采访意图，引起被采访对象的重视。记者要交代清楚自己的身份，告诉对方他的回答会起什么作用。

（3）设计好问题。第一，清楚、明确、易答，要具体，不能大而空，最好的方式是填空；第二，被访者正在研究、关注、想进行更多探讨的问题；第三，设计成“是”或“不是”这样的选择，对于谨慎的人尤其适用；第四，问题不能情绪化，与面对面采访不同，不能采用咄咄逼人式的提问。

（4）要给对方一个答复的限期。不能硬性规定，要以商量的口气确定一个期限。同时，对对方的答复做出反馈。

（5）写清对方和自己的地址，以免误投。随信附上一个贴有邮票和写有自己地址的信封，供对方回信时使用。

（6）如有问题需要面谈，请对方及时联系，联系方式必须写清楚。

6. 网络采访

网络采访分为三种情形：一是传统媒体记者利用网络进行采访；二是网络记者的采访；三是普通的网民采访。这里讲的网络采访属于第一种情况。

网络采访不但包括利用传统媒体采访的方法，还包括充分利用网络这个跨越时空的虚拟空间，按照新闻传播的需要进行新闻素材收集和调查研究。网络采访主要以互联网作为新闻采集的环境，用搜索、采访、下载和编辑加工等多种方式采集新闻信息及相关资源。网络采访主要包括以下四种方式：

（1）电子邮件采访

☞ 优势：速度快捷；减少了对他人的干扰；费用更低廉；有利于记者更好地表达自己的采访意图；不受地域限制。

☞ 局限性：互动性不如直面采访和电话采访，不易产生思想上的共鸣；无法控制被采访对象回答的速度；不便进一步追问；较难获得有效的证据。

（2）QQ采访

此种采访形式无须知晓对方的电子邮件地址即可找到所需要的被采访对象，互动性更强。

（3）网络聊天室和BBS采访

可以容纳多人进行交谈，属于群体式信源。因此，记者若要做多元化求证，此方式则更加便利。尤其在专业性较强的讨论区，其信息通常较为可靠，所以适合做调查性报道。但是，由于目前不支持视频，其在还原现场真实感上比不上QQ采访。

需要特别注意的是，信源一般多为匿名者，因此要保持高度警惕，不要把传闻当成真实的新闻事实。

（4）网上调查系统采访

此种采访形式方便对公众意见进行调查和统计，作为抽样调查的补充，具有一定的参考价值。其缺陷是被调查者仅限于网络的使用者，这使调查结果不能准确代表全体社会公众的意见。

综上所述，相对于传统采访方式而言，网络采访有诸多优势，比如易于保留采访记录，便于记者整合素材等优点。但是网络采访也有需要注意的问题，比如真实性问题、现场性问题、鲜活性问题、知识产权纠纷等。所以，在网络采访中，记者也要充分考虑网络采访的短处，并尽量和传统采访方式结合起来，做到“取长补短”，这样，网络采访才可以发挥更大的作用。

二 采访手段

电视采访技能的发展依赖于现代技术的开发利用。因此，只有掌握电视采访技术手段，才能够充分发挥采访的潜在功能。

从现实和发展的眼光看，电视记者应该掌握以下三种主要的采访手段：录音采访、演播室采访、现场切换采访。

案例：录音采访休斯敦火箭队球员姚明

【案例分析】在采访手段的选择上，针对姚明这一篮球巨星采用录音采访比较合适。首先，姚明这一被采访对象面对录音设备时不会表现出不自然或者紧张，使采访过程能够顺利进行。其次，采用录音采访既保证了新闻事件内容的真实性，给听众真实感，同时能在有限的采访时间里节约时间，给记者更多提问的机会。最后，用录音笔记录能够避免漏记和误记，保证引语来源的准确性。作为一名世界知名的球员，他的点点滴滴特别是在赛场的表现引人瞩目。在这种情况下，用录音记录可以万无一失地证实引语的准确来源。

但采用录音采访也有其弊端。录音笔只能完整地录制采访谈话，而不能拍摄到被采访对象的画面，观众只能听到声音，因此，感染力就不如电视报道强烈，现场感也较弱。

案例：演播室采访《鲁豫有约》之《张宇的情歌·爱人》

图3-32 鲁豫与张宇面对面交谈

图3-33 《鲁豫有约》演播室访谈

【案例分析】《鲁豫有约》是一档访谈类栏目。节目一般采访有特殊经历的人物，一起见证历史，思索人生，直指生命的体验与心灵秘密，创造出一种新颖的谈话类节目的形式，体现主持人对人的关注与被采访者心灵的对话，而不是长篇大段的讲道理。

节目在演播室进行，巧用演播室的光和声进行空间艺术创作。整个演播室的布置要温馨，符合《鲁豫有约》节目的特点：与被采访者心灵的对话。灯光的布置上也多用暖色调，与节目风格一致，给被采访者营造出一个轻松、愉快的氛围。

被采访对象经常会面对镜头，因此在采访过程中不会出现因为被采访对象紧张造成节目无法录制下去的情况。同时，要事先把主持人提问的范围、程序告诉对方，让对方对这种采访方式有个大概的了解，以求实现更好的合作。

掌握时间长度，事先设计好问题。做演播室专访时，主持人必须掌控好时长。在有限的时间内，主持人既要准确、精炼地提出采访问题，又不能使人感到慌乱急促，戛然而止。所以，主持人事先要把问题设计好，在有限的时间内得到有用的信息。本节目中，主持人鲁豫从早期张宇的歌曲开始介绍，到张宇如何成为一名优秀的歌手的历程，最后，问题落在张宇的家庭上，采访结束。整个采访过程清晰、流畅，问题设计贴近被采访对象，让观众一目了然。

与摄像机巧妙配合。电视演播室录像多采取固定机位和流动机位结合的录像方式。主持人需要同摄像人员配合好，才能取得完美的效果。面对摄像机，主持人和被采访对象张宇的交流轻松自如，谈话氛围轻松愉快。

案例：现场切换采访湖北省长李鸿忠

图3-34　现场切换采访湖北省长李鸿忠

【案例分析】采用现场切换采访，既节约时间，简化以往多机拍摄素材回到编辑部剪辑的程序，又可提高采访环节的艺术处理技巧。同时，现场切换采访可以做同步报道，也可以进行再编辑剪辑。

现场切换采访对记者采访的要求有所提高。在采访过程中，记者作为出镜记者不仅需要掌握提问的技巧，同时还要对活动画面的切换技巧及其要求有所了解和掌握，否则就很难同摄像和切换剪辑环节配合好。

记者在采访过程中，还需要掌握好采访时间。因为是现场切换采访，如果超出了采访时间，就无法进行剪辑。

记者在采访过程中对敏感问题的把握要恰当。现场切换采访不同于其他采访形式，如果过程中出现被采访对象不配合的情况，整个节目将是无法挽回的。

知识点

1. 录音采访

录音采访是指借助录音设备采制录音报道的一种采访手段，其往往具有更高的可信度、鲜明的现场感和强烈的感染力。

电视报道采用的是摄录系统的同期声，因而使用录音机采访的目的不是为了播放，而是完整录制采访谈话。

录音采访作为一种已经普及的采访手段，已被广泛采用，但也有其利弊。

（1）录音采访的优势

☞ 保证真实性。录音采访既保证了新闻事件内容的真实，给听众最大限度的真实感，又保护了被采访者本人以及供职媒体的权益。这是电子采访的优势所在。

☞ 节省记录时间。用录音机采访可以节省记者用笔记录的时间，改变边记录边提问的方式。这样既可以使记者更有效地利用时间多提问，也可以尽快结束采访进行接下来的报道。

☞ 在无法做记录的场合发挥作用。有大型活动或有重要人物出场时，记者都蜂拥而上。如果光靠笔记录，一句话没记录完整活动可能就结束了。这时候用录音笔记录，就是一个明智的选择。

☞ 避免漏记和误记，保证引语来源的准确性。录音采访不仅可以避免漏记、误记现象的发生，而且在做一些涉及敏感内容甚至是批评性报道时，作为证据，录音资料可以避免很多不必要的麻烦，同时可以万无一失地证实引语的准确来源。

（2）录音采访的局限性

☞ 易使被采访对象感到紧张。录音采访对于不习惯接受录音的访问对象来说容易造成精神紧张。特别是进行人物专访，尤其需要受访对象放松心情。

☞ 造成记者的松懈。录音采访记录的只是受访者的声音，而对于当时他的表情、所处的环境、情绪的变化等却不能真实反映出来。因此，单纯地依靠录音，并不能完成一次完整的采访。

☞ 整理录音消耗时间。虽然录音采访在采访时可以节省记录时间，但过后整理时要花费一定时间。采访者要在采访结束后从头到尾再听一遍录音。如果遇到报道时间紧迫，或者一天要报道多条新闻的情况，往往就会遇到麻烦。

☞ 分散受访对象的注意力。录音采访可以使记者集中精力，但却容易使受访对象分散精力。如话筒、机器的转动声音都会吸引对方的注意力，容易造成谈话的中断。有时受访对象正谈得起劲，谈到节骨眼上时，录音设备突然没电了，或是磁带用完了，记者只好请对方停下来更换电池或磁带。这就必然会给对方的情绪造成某种影响，甚至使对方草草结束谈话。

录音采访中还需要注意以下事项：

①尽可能了解被采访对象。

②记住自己的问题。

③材料尽量充足。

④主动介绍自己。

⑤不要隐瞒录音。

⑥打消对方顾虑。

⑦提问并注意追问，设法让对方谈下去。

⑧注意倾听，不要插入记者口头用语（不方便剪辑）。

⑨在整个采访过程中始终开着录音机。

2. 演播室采访

演播室是利用光和声进行空间艺术创作的场所，是电视节目制作的常规基地。嘉宾、主持及演职人员在里面进行工作、制作及表演。因此，除了必要的摄录编设备外，它必须具备足够的声、光设备和便于创作的条件。

演播室采访是电视记者独有的采访技能之一，它既是一种固有的报道方式，也是一种讲求技术的采访手段。

演播室采访需要注意的问题：

☞ 事先对被采访对象进行指导

对于从未上过电视的被采访对象，需要对其进行指导，使他们消除紧张情绪，表现得更加自然。一般情况下，记者要事先把访问的范围、程序告诉对方，让对方对这种采访方式有个大概的了解，以求得到良好的合作。

☞掌握时间长度

做演播室专访时，记者必须掌握好节目时长。在有限的时间内进行现场直播，记者既要准确、及时地完成一次采访，又不能使人感到慌乱急促。

☞设计好问题

演播室专访一般围绕某个主题在一定时间内完成采访，所以事先一定要把问题设计好，在有限时间内得到有用的信息。在快速采访时要注意，既要采访到有价值的内容，又不能拖泥带水。在进行人物专访时，也要避免不必要的冗长拖拉，要考虑到超过原定时长将会给编辑带来很多麻烦。

☞同摄像机配合

电视演播室录像多采取固定机位和流动机位结合的录像方式，这要求记者同摄像人员配合好，才能取得完美的效果。同时，记者也要告知被采访对象如何面对镜头，要特别注意采访过程中的交流感，不能两眼死盯着摄像机。

3. 现场切换采访

现场切换采访是在20世纪70年代采用小型电视转播车而得以发展起来的采访手段。小型电视转播车的出现，使电视现场的流动采访得益匪浅。它不但简化了以往多机拍摄素材回到编辑部剪辑的程序，而且提高了采访环节的艺术处理技巧。现场切换采访可以做同步报道，也可以进行再编辑剪辑。总之，这种方式对于采访、编辑、报道都带来了进步与突破。

现场切换采访最大的特色是可以进行流动式现场采访。因此，记者要对活动画面的切换技巧及其要求有所了解和掌握，否则就很难同摄像和切换剪辑环节配合好。

本章小结

访问，是记者为获取新闻对被采访对象进行的观察、询问、倾听、思索和记录等活动，是新闻写作的前提，是一种特殊的调查研究。

记者需要掌握以下8个采访步骤：明确采访目的，采访目的越明确，采访就越容易成功；资料准备，这是采访中至关重要的一步；采访预约；撰写采访策划，采访策划越详细，就越容易得到与计划相一致的内容；提第一个问题；建立轻松、和谐的采访氛围；提出敏感问题、尖锐问题要适时；结束采访。

采访中提问有两种方式：一是开门见山式，这种形式一般适用于两类被采访者，一类是采访者非常熟悉的人；一类是文化层次高、社会经验丰富的人。二是启发引导式，适用于采访者采取启发引导式的提问方法，在提问时尽量缩小问题的范围，有方向性地提问，帮助被采访者一步一步进入状态，通过不断沟通，从交谈中把握机会，找到理想的素材。

在新闻现场抓取最有价值的事实就是观察。电视新闻是形象画面的报道，现场观察采访更具有重要作用。观察采访最重要的方法就是边观察边判断。观察的方法有：选好观察的位置和角度；把粗看和细察相结合；把观察与思考相结合；把现场观察和背景资料相结合。

采访方式是记者准备用什么形式来进行采访。通常采用的具体方式有等候采访、跟踪采访、即席采访、调查采访、书面采访和网络采访。在采访实践中往往是几种方式交替使用。

录音采访是指借助录音设备采制录音报道的一种采访手段，其往往具有更高的可信度、鲜明的现场感和强烈的感染力。电视报道采用的是摄录系统的同期声，因而使用录音机采访的目的不是进行播放，而是完整录制采访谈话。

演播室是利用光和声进行空间艺术创作的场所，是电视节目制作的常规基地，除了录制声音外，还要摄录图像。演播室采访是电视记者独有的采访技能之一。

现场切换采访可以做同步报道，也可以进行再编辑剪辑。这种方式对于采访、编辑、报道都带来了进步与突破。

实训项目

项目名称：1．完成本单元第二章的5条校园消息的采访。

2．完成本单元第二章的专题选题的采访工作。

实训条件：拍摄器材、采访话筒等。

实训准备：第二章已经完成的准备项目。

实训步骤：

1．学生每三人一个小组，分工为记者（兼策划）、摄像、剪辑。

2．联系被采访对象。

3．现场采访、拍摄、记录。

实训要求：

1．小组观摩中央电视台《新闻联播》《新闻调查》节目，分析记者的采访方式与提问技巧。

2．完成拍摄策划的写作。策划内容要详细，采访问题设计要准确。

3．选择被采访对象要有代表性，符合拍摄策划的要求。

4．根据选题内容，完成相关的图片、视频、数据、声音等资料的收集。

实训成果：5条消息的同期声、画面和采访笔记；专题的同期声、画面和笔记。

第二单元　案头准备工作

采访素材的整理是整个新闻采写的一个重要环节，也是记者的基本功。新闻报道是否及时准确，是否得法，是否深入到位，是否善于去粗取精、去伪存真，采访材料的梳理有着重要的作用。本单元将从新闻主题的提炼、主线的把握、素材取舍方面介绍采访素材的整理。

第四章
整理采访素材

学习目标

（一）知识目标

1. 整理采访录音的意义
2. 新闻主题的概念与特点
3. 提炼新闻主题的必要性
4. 审视新闻事实的意义
5. 审视新闻事实的内容
6. 素材取舍的意义

（二）能力目标

1. 掌握“扒词”的方法并运用于实践。
2. 掌握提炼新闻主题的方法。
3. 学会审视新闻事实的方法。
4. 掌握审视新闻事实的手段。
5. 掌握素材取舍的方法与技巧。

新闻是对新近发生的事实的报道，其最大特点就是时效性强。报道越迅速，越能体现新闻的价值。但是，再着急的新闻节目，也要遵循一个原则，那就是必须保证新闻主题的鲜明和新闻事实的真实。所以，一般情况下，在新闻采访活动结束以后，我们很难做到马上就开始新闻稿或解说词的创作，而是首先需要对采访的内容做进一步的整理和归纳，以便抓住事物的特点和本质，对采访素材有更全面、深刻的认识，提炼出最好的新闻主题。其次，还要对新闻事件的基本信息和基本事实进行核实，严格做到客观真实的报道。最后，还要梳理出新闻的逻辑主线，选择有价值的内容，从而提升新闻节目的传播效果。

在做以上案头工作之前，我们首先要把采访回来的声音素材进行整理，或者叫作文字还原，也就是把采访的声音内容记录在本上或形成电子文档，我们把这一过程俗称为“扒词”。“扒词”的目的就是把听觉感受转换为视觉感受，便于我们用眼睛浏览。这对提炼新闻主题、核实新闻信息、梳理逻辑主线等案头工作有极大的帮助。

这项工作做起来很简单。记者如果有足够的时间可以自己完成，内容较多的情况下也可委托专业的速记公司来完成。当然，这么做并不是绝对的。为了缩短制作与播出之间的时间，增强节目的实效性，一些经验丰富的记者往往都是随听随记，在听采访录音的同时，直接把一些有价值或有意思的内容记录下来，这样可以大大提高工作的效率。

“扒词”过程中很多时候我们要面对各地不同的方言。所以，熟悉或掌握各地的方言，也是记者需要具备的基本功。

“扒词”完成以后，就可以做其他案头工作了。

第一节 提炼新闻主题

新闻主题是指新闻报道的中心思想和基本观点，也就是记者对客观事实的看法、态度和通过事实的报道要表达的主观意图。主题在新闻中起主导作用，是选择和组织画面素材、文字材料的主要依据，也是贯穿新闻写作过程的主要线索。

提炼新闻主题是每一名电视新闻记者都要重视的问题，也是电视新闻报道本身应具备的元素。电视新闻有了明确而鲜明的主题，才可以真正实现电视媒介传播信息和引导人们树立正确价值取向的功能。那么，如何才能提炼出好的新闻主题呢？我们先来看下面的案例：

案例：[奇迹“5·12”] 三年重建：文化新思路

三年来，四川灾区在重建过程中，找到了传承民族文化和原生态文化的新思路，在建设全新硬件设施的同时，让文化重建工程接上了地气，更让老百姓从中得到了实惠。

三年后的今天，当我们走进被称为“云朵上的山寨”——北川石椅羌寨时，这里的羌族姑娘小伙子们，以全套的礼仪流程迎接着远方来的客人。而三年前“5·12”大地震，给羌族地区、羌族文化都带来了毁灭性的破坏。在今天的石椅羌寨里这套迎客礼仪就是羌族文化传人母广元专门设计的。这些传承羌族文化的项目都得益于灾后重建时组建的石椅羌寨羌俗旅游公司，公司还专门聘请了职业经理人何飞，他的责任就是将羌寨的羌文化变成旅游产品，统一管理经营推广出去。

石椅羌寨总经理何飞：(统一管理)避免杀价，不存在恶性竞争。

来到羌寨的客人白天可以品山珍、听羌族故事，晚上在羌寨的篝火旁饮美酒、跳古老的莎朗舞。

游客桑璟：看到这些姑娘小伙子，重新绽放的笑容，包括新的生命和新的家庭让我很感动。

依托自身厚重的历史文化积淀，结合灾后重建打造出一批历史文化古镇、古村寨，成为四川灾后重建中的一大亮点。而每一个古镇古寨都有着各自的特色。

现场记者：有着巴蜀第一县之称的昭化古镇，在震前，这里的风貌和其他普通村镇没有太大区别，唯一不同的是这里还保留着三座明代不完整的城门洞。在震后，经过整体重建，昭化古镇先后获得了国家历史文化名镇一系列的荣誉称号。

这是广元昭化古镇重建前后的对比照片。目前的昭化古镇，是依托三国文化按明清时期风貌复原修建的。2009年4月，古城修复工程刚刚结束，旅游马上就热起来了。在古镇内新开了一家饭店的李老三更是深有体会。

村民李老三：遇到节假日根本坐不下，现在一年赚个四五十万，五六十万。

重建过程中，一些地区还将文化元素变成了产品，并向产业链方向打造。位于绵竹的年画村，每年创造上百万的销售额。而年画的各种衍生新产品也满足了不同的市场需求。

年画经营商户贾君：它既实用又美观，它的附加值可能翻很多倍了。

同时羌族特有的羌绣，与时尚元素相结合，极大地提高了羌绣的附加值，如今在四川从事羌绣产业的人员已达到两万多人。

截至今年3月底，四川省2900多个灾后文化恢复重建项目近90%已竣工。随着地震遗址纪念地和陈列馆、非物质文化遗产陈列中心、传习所、藏羌旅游示范园区和示范基地的建成，为四川文化重建提供了有力的物质支撑。

【案例分析】这是2011年5月12日（汶川地震三周年纪念日）中央电视台《新闻联播》播出的一条新闻，也是为了纪念“5·12”汶川地震制作播出的一条新闻。稍微有点新闻意识的人都能够看出来，这条新闻是经过“深思熟虑”后挖掘出来的一条新闻节目，它完全抛弃了之前那些地震灾区重建的报道形式，没有停留在重建基础设施的表面，而是突破了这一表面现象，把文化重建放在了一个非常突出的位置。不仅是对地震后灾区重建工作的肯定，更是把文化传承的重要性及老百姓从中得到的实惠表现了出来，节目在一开始的导语里就很清楚地点明了这一主题。

从这个案例中我们可以看出，新闻节目并不只是单纯客观地表现事件的过程，它同样需要提炼或深化一个全新的主题。案例中的新闻如果还是仅仅停留在表面的重建工作上，这条新闻的价值就会大打折扣。如果节目没有新的突破，没有新的主题，那么，就不会体现出新闻的独特性，传播的效果自然也不会太好。所以，提炼出好的新闻节目主题十分有必要。

知识点

☞ 新闻主题的作用：提炼好主题不仅是新闻价值的需要，也对新闻报道起着统帅作用。

☞ 新闻主题的特点：新闻主题具有唯一性、浓缩性、鲜明性的特点。

☞ 新闻主题的要求：新闻主题要新颖；新闻主题要有价值；新闻主题要深刻；新闻主题要突出。

只要掌握了上述知识点，提炼新闻的主题就会有章可循。

第二节　核实基本信息

新闻主题固然重要，但真实是新闻的生命，同时也是媒体的生命。所以各级媒体有义务核实新闻事实的真假。传播假消息是一种犯罪，也是行业规范所不允许的。因此，作为新闻工作者，必须要对准备报道的新闻事实进行诸方面的核实。

核实新闻事实首先需要核实的是一些基本的信息，如时间、地点、人物姓名以及一些相关的数据等。

案例：关于“7·23”动车追尾事故的相关报道

昨天晚上8点38分，北京至福州的D301次列车行驶至甬温线温州市双屿路段时，与杭州开往福州的D3115次列车发生追尾事故。事故发生后，各方展开全力救助。

事故造成D301次列车的4节车厢从高架桥上掉落，被追尾的D3115次列车第15、16节车厢脱线。事故发生后，铁路部门、消防、武警及地方有关单位迅速启动应急预案，火速赶赴现场组织救援。

浙江省消防总队派出了600多名消防官兵赶赴现场救援。由于桥梁距地面大约有15米的高度，救援难度大，消防部门还派出2辆特种车辆，以加快救援进度。

今天凌晨4点左右，人员搜救基本结束。从早晨6点多开始，随着重型设备进入事故现场，现场清理作业进度加快。D301次车上的行车记录器，相当于飞机上的“黑匣子”已找到。

……

“7·23”甬温线特别重大铁路交通事故发生后，党中央、国务院立即作出救援部署，有关地区和部门、公安民警、消防部队、武警和解放军官兵、医护人员全力抢救，当地群众和社会各界人士积极参加救援。目前，事故已造成39人死亡、192人受伤。受伤人员正在接受治疗，善后处理工作全面展开。

图4-1　2011年7月23日，甬温线发生特别重大交通事故

【案例分析】以上是2011年7月24日《新闻联播》播出的一则关于温州“7·23”动车追尾事故的相关报道，从报道的内容来看，包含了电视新闻要求的所有元素，除了时间、地点、人物等，还包含其他相关的信息。

事故发生的时间：昨天（2011年7月23日）晚上8点38分。

事故发生的地点：甬温线温州市双屿路段。

发生事故的车次：D301次、D3115次。

救援的消防官兵：浙江省消防总队派出了600多名消防官兵赶赴现场救援。

事故造成的伤亡：目前，事故已造成39人死亡、192人受伤。

以上信息除了事故发生的地点外，基本上都含有数字。数字是最敏感也是最容易出错的地方，所以在新闻报道中，记者一定要重视对数字的核实，一旦发生错误，将会出现报道失实的社会舆论或更严重的后果。尤其是人们最关注的事故造成的伤亡人数，千万不可不经核实就轻易报道出去，否则会给媒体带来不良的社会影响。

除此之外，如果新闻报道涉及到具体的人，还必须核实人的姓名是否准确或者是否真实。错误的人名会给当事人造成反感，也和新闻工作者必须具备的严谨的工作态度相违背。

知识点

☞ 核实新闻基本信息的意义：做到报道真实，传递准确的信息，避免造成受众的误解和报道失实的社会舆论，损害记者本人和媒体的声誉。

☞ 核实新闻基本信息的内容：新闻（事件）发生的时间；新闻（事件）发生的地点；新闻（事件）涉及的人物及姓名；新闻（事件）涉及的数据。记者必须要在准确核实以上信息后，方可进行报道。

第三节　审视新闻事实

和核实新闻的基本信息相比较，审视新闻事实更为重要。错误的基本信息，如时间、地点、人名的错误总不会影响“大局”。如果报道的新闻事件是真实的，观众或许会“网开一面”，但如果新闻事实出现了问题，观众就不会“买账”。我们来看下面的两个案例：

案例：美国男孩制造“热气球骗局”

为了从电视台得到一个电视真人秀节目的合约，美国科罗拉多州男子理查德·希内向警方、媒体和美国联邦航空管理局打电话，谎称他6岁的儿子误乘氦气球被带到2000米高空。经过多方努力，搜救人员却没有在气球中发现男孩，一场大规模的地面搜索行动随即展开，最后发现男孩竟躲在家中阁楼里。这起事件引发全美关注，成千上万的人观看了电视实况转播，全球媒体也纷纷报道这起事件。这对夫妇被判6年监禁和50万美元罚款。

【案例分析】这条新闻被美国《时代》杂志称为历史上十大假新闻之一。

“假”的事实非常清楚：为了得到一个真人秀节目的合约，这位美国男子向媒体谎称他的儿子被氦气球带到了2000米高空。随即媒体对搜救过程进行了报道，但结果显而易见。从事件的本身看，这似乎与媒体关系不大，因为媒体也是“受害者”。但实质上，电视台作为大众传播媒介，没有对“新闻事实”进行仔细、反复的核实就盲目报道，欺骗了更多的“受害者”——广大电视观众。所以，在这起假新闻事件中，播出节目的电视台也有不可推卸的责任。

图4-2　美国男孩制造“热气球骗局”

案例：炒蒜高手掷千万买走百斤金条

某媒体报道：这位投资者是该店的“常客”，从2006年起就开始定期投资实物黄金。“他每个季度入手一批，每次基本都是5公斤。但中间有很长一段时间未曾出现。”5月31日，这位投资者突然现身，以基础金价266.2元/克加2元/克手续费，刷卡购入56公斤金条，共支付1501万元。张经理透露，这位投资客消失的这段时间是去炒农产品了，近期因炒蒜小赚了一笔。

【案例分析】这则报道很快被国家发改委披露为“失实的新闻报道”，失实的原因，就是相关采编人员对“真实是新闻的生命”这个常识没有做到足够的敬畏，质疑的意识不强，核实的力度不够，缺乏多方面的实证。

将“真实是新闻的生命”视为最低的也是最高的标准，并且恪守这个标准，在报道之前对新闻事实进行反复审视，才能最大限度地避免失实报道，还原事实真相。

综述：以上两个失实的报道和媒体有着直接的关系。如果媒体稍加谨慎，事先对新闻事实做进一步的核实，就能够避免失实报道的发生。媒体追求收视率和新闻的时效性都没有错，但是，与此同时，新闻工作者一定要恪守“真实是新闻的生命”这一原则。

知识点

☞ 核实新闻事实的意义：事实是构成新闻的根本要素。对事实核实的目的就在于媒体应不加任何夸张和修饰，把新闻事实通过电视这个载体还原在受众面前，使受众接收、感知到真实的信息，从而维护新闻工作者的职业道德，维护媒体声誉。

☞ 核实新闻事实的内容：总的来说，就是要核实事件发生的全过程。具体就是要核实事件发生的原因、过程和结果，尤其要核实那些与主题关系密切、观众感兴趣的细节。

第四节　梳理逻辑主线

无论什么样的新闻节目，无论是人物还是事件，其背后都有一条发展的逻辑主线，记者在构思的时候应该把这条逻辑主线清晰地提炼出来。常用的方式如下：

第一，从时间维度进行梳理。新闻人物的成长，新闻事件的发展，新闻现象的形成，都会经历一段时间。因此，从时间的维度来提炼新闻事实（事件）的逻辑主线是最为常用的方式。只要抓住了新闻事实（事件）发生的先后顺序，就可以发现其中的逻辑关系。

第二，从因果关系进行梳理。在一些复杂的新闻事件和新闻现象中，同一时间维度内，可能会发生多个不同的新闻事件，如果还是单从时间维度来分析提炼就会缺乏可行性。在实践中我们发现，一些新闻事实（事件）背后会存在相互之间的因果关系，如同一因导致的果，或不同的果源于同一个因。记者如果能从这个角度加以提炼，就会发现一条清晰的逻辑主线。

第三，从矛盾双方进行梳理。新闻事件很多时候都是由各种社会矛盾引起的，如资源不足与消费需求之间的矛盾会导致市场价格的波动。找出新闻事实（事件）当中的矛盾双方，就能梳理出一条逻辑主线。

第五节 素材的取舍

核实和审视新闻事实的同时，往往伴随着对素材的取舍，也就是判断哪些素材需要用、哪些素材不能用的过程。素材的取舍包括画面素材的取舍和采访同期声的取舍。先来看一个案例：

案例：一位年轻医生的“7·23”抢救日记

“7·23”甬温线特别重大铁路交通事故发生后，当地武警、消防、医疗等全体总动员，为尽快救治伤员争分夺秒。在这场生命接力中，一位年轻医生，用他的亲身经历写下了“7·23”抢救日记。

他叫邱贤克，是温州市第二人民医院急诊室的一名普通医生。事故发生时，他正在急诊室值班。邱贤克在自己的日记里这样写道：21点20分，一辆民用的7座车送来了4名病人，伤者全身是污泥和鲜血，我立即和同事监测伤者的生命体征、清创缝合、止血包扎。

同期：我记得有个病人叫林文的，当时她女儿在旁边，一直在哭喊着“妈妈，妈妈，快救救我妈妈”。

经过救治，林文的生命体征逐渐平稳，紧接着，陆续又有病人被送到医院。在邱贤克的日记里还记录了这样一位伤者。

同期：其中有一个名字叫约翰的，送过来的时候他一直用左手捶打着胸部，一直说自己胸闷，气透不过来。

约翰是一位意大利华裔，这次是带着女友回国看望外公外婆。邱贤克在日记里写道：当约翰得知女友已经去世，情绪很不稳定。但由于他只能听懂温州话和意大利语，浙江省卫生厅派来的专家对他的心理援助并不顺利。邱贤克是温州人，又和约翰同龄，两人反倒很聊得来。

同期：（女友去世了）我感觉很孤独。在外面是很苦，我有个弟弟在西班牙，温州人在外面也蛮多的，毕竟也才20多岁（以后会好的）。

交流中，两个年轻人之间逐渐产生了共鸣。约翰的情绪已慢慢平复，对于邱贤克而言，医治伤者身体上的创伤固然重要，但他更希望，通过这种心理抚慰，能够尽早治愈伤者心灵的伤痛。

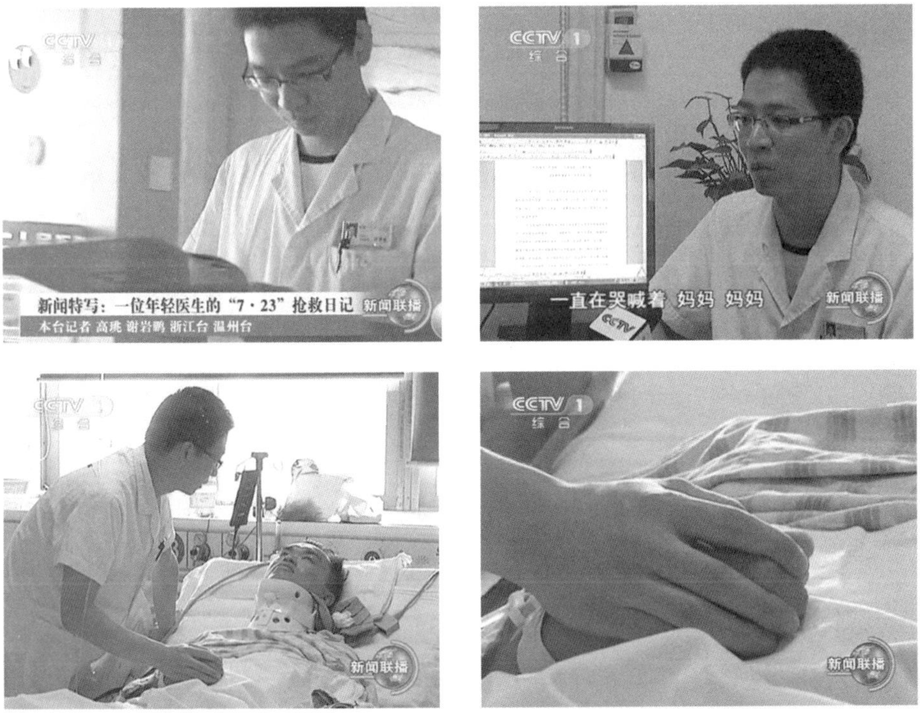

图4-3　一位年轻医生的"7·23"抢救日记

【案例分析】这是2011年8月1日中央电视台《新闻联播》播出的一条新闻特写，加导语总共时长是2分12秒。在1分52秒的正片中，除了解说加画面内容，还穿插了三小段采访同期声，画面与同期声的比例大约为3:1。下面从画面、同期声、解说三个方面进行分析：

1. 画面

整条新闻用了41个镜头画面（包括同期声采访的画面），有邱贤克的近景、工作的场面、与约翰交流场面和两手紧握的特写，有医院的外景、内景，还有日记的特写画面等。节目运用的画面大部分为固定画面，只有两处运用了摇镜头。在短短1分52秒的时间里，运用了41个镜头画面，平均一个镜头画面的时长不到3秒，这样的处理遵循了电视新闻节目的原则，即电视新闻节目一般都较短，为了增加节目信息量，用固定画面是有必要的。在采访同期声里插入画面也是出于这种目的。此外，这条新闻也没有忽视对细节画面的运用，如日记的特写，两只手握在一起的特写，这些表现出医生与伤者心灵的碰撞，传达了一种温情与友谊。

2. 同期声

在这条短短的新闻里插入了三段同期声：第一段是林文和她女儿被送到医院时的情形，通过小孩“妈妈，妈妈，快救救我妈妈”这个细节的描述，足以震撼每一个人的心灵，当然也包括邱贤克在内的白衣天使；第二段同期声是通过对邱贤克的采访，引出一个叫约翰的意大利华裔伤者和邱贤克两个人发生的故事。既增强了新闻的真实性，也遵循了当前新闻节目故事化的新要求，使节目不再空洞，提高了可视性；第三段同期声是约翰与邱贤克两个人交流的话语，表现了医生对伤者心理的抚慰，升华了“在灾难面前人与人之间相互关爱”的新闻主题。

3. 解说

首先是导语部分，字数不多，只有仅仅80余个字，但非常清晰地由面到点直奔主题。解说从介绍邱贤克入手，以邱贤克写的日记内容为切入点展开，没有从头到尾介绍过程，只选择了两个感人的事例。第一个事例篇幅较短，介绍了抢救一个叫林文的伤者。记者选择这个事例的原因有二：一是事件的开头往往会很重要，二是因为里面有一个动情点，即林文女儿撕心裂肺的哭喊。如果没有这个动情点，记者或许就会选择其他事例了。当然这里面还要归功于邱贤克日记的内容，文字的内容如果能够打动人，那么节目自然也会有很好的效果。第二个事例较第一个稍长些，这也是这条新闻的主体。尽管篇幅受限，记者仍充分利用解说词的功用，把意大利华裔伤者约翰回国的原因、伤情、女友去世、只能听懂温州话、与邱贤克交流等信息交代得跌宕起伏、清清楚楚，并通过约翰情绪的前后变化，达到了升华主题的目的。

邱贤克其实只是很多抢救甬温线动车追尾事故受伤者的医生中的一员，对于他的报道，影射出的是所有参加抢救的医务工作者对伤者的付出和爱。

通过上述分析，我们可以看出，素材的取舍有一个前提，那就是事先要提炼出新闻的主题。新闻节目虽短，但“五脏六腑”俱全，当然最重要的还是主题的确定。所以，素材的取舍必须围绕主题进行，我们可以从以下几个方面着手。

一　根据节目的叙事要求

记者在审看完采访内容和节目素材并确定好新闻主题之后会发现，素材并不见得能够完全符合新闻节目的主题以及节目叙事的要求。即便是在采访和拍摄前就对作品有一个全面的构思，对镜头有细致的设计，但由于在实际拍摄中会出现难以预料的变化，素材内容和实际效果可能会与原来的想法不完全一致，有时甚至还会有较大的差异。在这种前提条件下，如果不进行结构和镜头构思的修改，叙事就会遇到困难，编辑工作就可能会出现“无米之炊”的情况。有人说后期编辑是作品的再创作过程，其道理就于此。

记者重新对叙事结构进行调整的主要依据就是手中的实际采访内容和拍摄到的画面素材，如有拍得好的素材，即便是先前的构思没有涉及，也要想办法把它们用到作品中去；反之，采访不到位的内容和拍得不好的素材，要不惜修改先前的构思，坚决不用。

电视新闻节目不像电影和电视剧以及其他类型的电视节目那样有详尽的分镜头脚本，采访和拍摄之前的构思和设计最多是一个大致的设想，不会太具体，不可能方方面面都准确到位，所以一般来说，它还是不能成为记者写作新闻稿和画面剪辑的依据。所以，记者需要结合采访内容和画面素材整理出一份可供编辑使用的操作蓝本，而要形成这个蓝本除了在整理素材时对节目的叙事结构重新调整外，还需要将叙事结构进行细化，加强可操作性。最后，在这些素材的基础上细化新闻节目的结构关系，设计越细致，越能够突出主题，上机剪辑时心里就越有底，画面剪辑工作就会越顺利。

通过对节目的结构进行调整与细化，记者会发现，根据节目的叙事要求对素材有了自己的取舍标准，也就是说所选素材一定要与节目表现的内容相关：影像素材好但与内容无关联的镜头，应该坚决舍弃；质量一般甚至是有些缺陷，但是内容表现必需的、无可替代的素材要予以保留。

二 根据素材的技术质量

电视台往往对播出节目的画面质量要求较高，审查也很严格，所以，我们在选择画面素材时，要检查镜头影像是否清晰，曝光是否准确，构图是否合理，运动镜头速度是否均匀，画面有无越轴现象，镜头有无“穿帮”，画面色彩是否正常，声音是否达到技术指标，达不到技术标准的，除非特殊情况非用不可，除此之外尽量不要选择使用。

有时可能因为磁带质量问题导致画面出现质量问题。检查素材磁带的录制质量，可以观察正常重放的素材画面，如果图像出现左右晃动、上下跳动、画面上有黑道或白道、雪花干扰等现象，则这段素材画面质量较差，不宜用于编辑使用。也可以用录像机上的搜索盘快速搜索在监视器上具有杂波带的画面，如果杂波带平直、均匀地滚动，则画面是稳定的；杂波带不规则扭曲或出现撕裂，则画面是不稳定的。

三 根据素材的美学要求

电视新闻节目对画面的美学要求较其他类型节目稍低，但电视毕竟是一门艺术，所以，作为一名电视新闻工作者，在拍摄和选择画面素材时，还是要尽量考虑画面素材的美感。要审看镜头的光线、构图、色彩等造型效果如何，保留具有美感的素材；考虑画面的丰富多变性，尽可能使用表现力强和信息量大的素材，避免使用重复或过于相近的镜头；还需考虑辅助元素的可用量，比如可用于段落、情绪起承转合的衔接镜头、空镜头。

四　根据节目时长要求

电视节目对时间的要求是很高的，电视新闻节目也不例外。记者一定要严格按照要求考虑节目时长的问题，即使是再好的新闻节目，也不能任意地决定节目的时长。所以，记者在取舍素材的过程中，头脑里必须要有很强的时间观念，严格把握节目的时间长度。尤其是新闻消息类节目，具有时间较短的特点，更要严格把控时长。

初学者在刚开始做节目时，对作品的时长观念一般都不会太强，可能会在选取素材时不顾及作品时长的限制，将一大堆素材都选入，没有“优中选优”的概念。结果会造成内容拖沓、节奏缓慢，严重超时，修改时又处处舍不得“割爱”，无法找到修改点。长篇大论、喋喋不休的解说词往往会给记者的素材取舍工作带来难度，也是造成作品拖沓甚至超时的重要原因。所以，精选素材和压缩作品篇幅的最有效方法应从精简解说词开始。

依照上述方法进行素材取舍，可以提高选取素材的准确性。取舍素材最怕的就是“捡了芝麻、丢了西瓜”，这种问题将带来无法弥补的遗憾。

本章小结

案头准备工作是在正式写作新闻稿之前必须要做的一些工作，具体包括采访内容的整理、新闻主题的提炼、新闻基本信息和事实的核实、新闻逻辑主线的梳理以及素材的取舍等。

“扒词”是把听觉感受转换为视觉感受，便于我们用眼睛浏览，对其他案头工作的进行有极大的促进作用。

提炼好的主题是寻求新闻价值的需要。要遵循新闻主题具有唯一性、浓缩性、鲜明性等特点，要符合新颖、有价值、深刻、突出等要求。

要做到报道真实，传递准确的信息，避免造成受众的误解和报道失实的社会舆论，维护记者本人和媒体的声誉就要求我们核实新闻（事件）发生的时间、地点、人物及其姓名、涉及的数据等基本信息；同时要核实事件发生的原因、过程以及结果等新闻（事件）事实，不能有任何虚假或失实报道。

素材的取舍要紧紧围绕主题，从节目的叙事要求、画面素材的技术标准和美学要求以及节目的时长要求几个方面进行。

总而言之，做好以上各方面的工作，是电视新闻写作的基础，也是电视新闻记者必须具备的能力。为此，我们要掌握好本章节的知识点并正确运用于实践，引起重视。

实训项目

项目名称：整理之前采访的内容及画面素材。

实训条件：录像机、监视器、音箱、电脑等。

实训准备：检查录像机、监视器、音箱等运行状态。

实训步骤：

1. “扒词”——把采访的同期声内容形成电子文档。
2. 根据新闻（事件）事实和采访内容提炼并确定主题。
3. 通过网络或电话等方式联络新闻当事人，对新闻（事件）的基本信息和事实进行核实。
4. 根据新闻（事件）事实和采访内容梳理逻辑主线。
5. 选择要使用的采访同期声内容和画面素材。

实训要求：

1. 要把采访的同期声内容全部形成电子文档。
2. 提炼出的新闻主题要新颖、有价值。
3. 新闻基本信息和事实要准确。
4. 逻辑主线要清晰、连贯，符合叙事要求。
5. 素材的选择能够充分突出主题。
6. 要有积极向上的工作态度，主动与指导教师沟通交流，确保实训效果良好。

实训成果：通过完成案头准备工作，初步形成新闻写作提纲。

第三单元　电视新闻写作实务

电视的表达是声、像、文字的综合，孰轻孰重历来争论不休。无论轻重，缺一不可。精当的文字，恰当的表现方式，能够与画面相互补充，突出新闻要点。

本单元主要介绍电视新闻稿的写作特点、结构特征、写作方法。每章都从典型的案例入手，案例分析解读了相关的理论知识，章节后提炼出了必要的知识点，并设计了操作性较强的单项训练及实训项目。

第五章
电视新闻写作

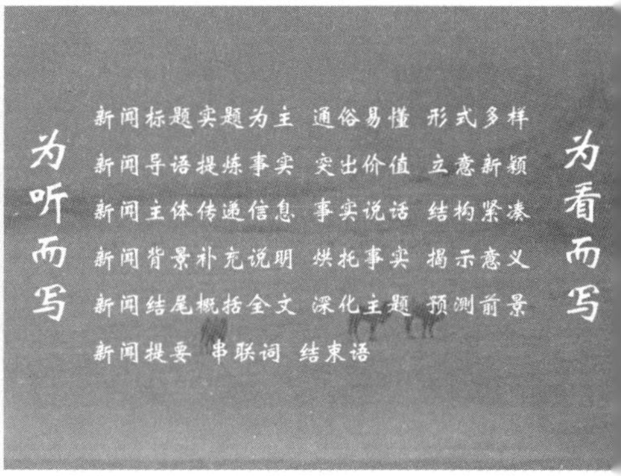

学习目标

（一）知识目标

1. 电视新闻稿的特点

2. 电视新闻的结构特征

3. 节目预告、新闻提要、串联词、结束语的写作技巧

（二）能力目标

1. 能够运用电视新闻标题、导语、主体、结尾、背景的写作方法，顺利写作新闻稿。

2. 能够写作各种类型的新闻稿。

3. 能够写作联播类新闻节目的新闻提要、串联词、结束语等。

新闻是指报纸、电台、电视台、互联网经常使用的记录社会、传播信息、反映时代的一种文体。新闻概念有广义与狭义之分。广义的新闻包括消息、通讯、特写、速写（有的将速写纳入特写之列）等等；狭义的新闻则专指消息。消息是用概括的叙述方式，比较简明扼要的文字，迅速及时地报道国内外新近发生的、有价值的事实。一般来说，消息具备五要素，即何时、何地、何人、何事、何故。从结构上来看，消息一般由标题、导语、主体、背景、结尾五部分组成。

电视新闻则是运用现代电子技术，通过电视屏幕，形象地向观众传递新闻信息的一种手段，它既传播声音，又传播图像。具体地讲，它是通过电视摄像、记者采访、镜头设计、拍摄、剪辑、写解说词、配音等几个程序来完成的。它可以系统地、形象地报道事物发展的过程。电视新闻是电视各种新闻性内容和新闻报道形式的总称。

电视新闻的种类主要有会议式电视新闻、人物式电视新闻、电视口播新闻、电视新闻纪录片、电视实况转播、电视直播、电视广播大会、电视评论。电视新闻稿的写作既有广播稿“听”的特点，也有报纸新闻“看”的特点。它既是一门为听而写的艺术，也是一门为看而写的艺术。电视新闻稿的新闻要素及结构与其他形式的新闻相同。

第一节　电视新闻的写作特点

电视是以视为主、视听结合的传播媒介。它作用于人们的综合感官，因此，单凭视觉或单靠听觉，或视觉与听觉简单地相加，都不会给受众带来真实感，自然不会让受众信服。其次，画面的表现力有其自身的局限性。所以，在电视新闻中，语言文字对画面的补充尤为重要。人们在接受解说词传递的信息时，往往会本能地把它同画面上的形象联系起来，因此解说词写作除了要考虑电视的特点外，还要注意语言运用的特点。

一　为看而写

案例：中央电视台《朝闻天下》之温州动车事故报道（2011年7月24日）

图5-1 《朝闻天下》播出温州动车事故画面

新闻稿一

首先我们先来关注一下动车脱轨事故的消息。记者在7月24日2点40分从温州动车脱轨事故抢险指挥部获悉，发生在温州的动车脱轨事故，目前已造成了32人遇难，191人受伤。据了解，凌晨4点前搜救工作基本结束。

图5-2　事故现场画面

新闻稿二

据浙江省的最新的调查结果，7月23日20点27分，北京—温州的D301次列车，行驶至温州市双屿路段时，与杭州开往福州的D3115次列车追尾，造成D301次列车4节车厢从高架桥上掉落，目前两列动车未掉落的乘客，都已转移到了温州市区。据初步调查，当时闪电造成了杭州至福州的D3115动车停电停车。

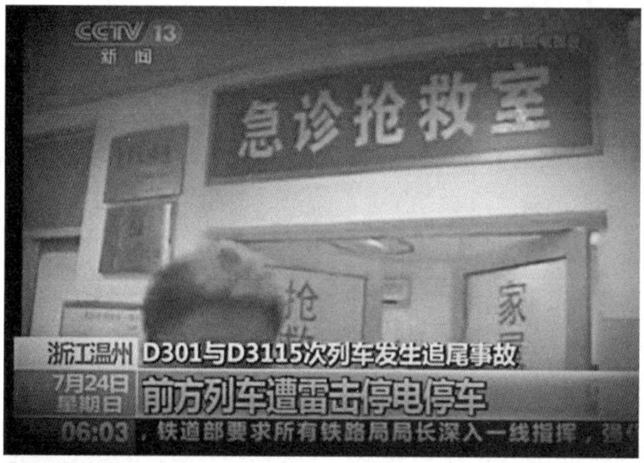

图5-3　医院急救画面

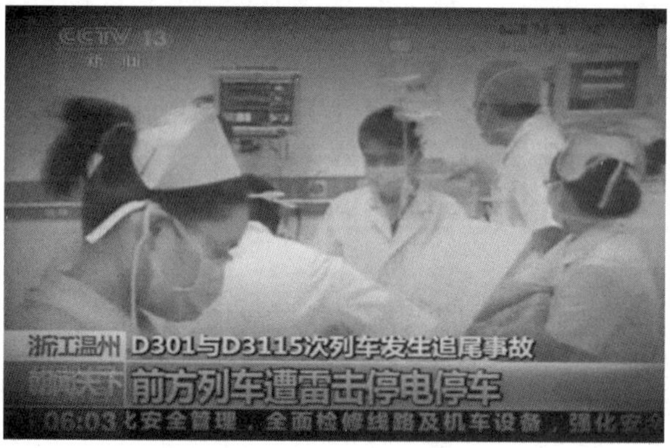

图5-4　医院抢救、治疗画面

新闻稿三

目前当地各大医院均启动了应急预案，伤者被送往了医院。浙江省卫生厅已经组织了由四家医院组成的四支医疗队，赶往事故现场，开展医疗救援，并要求温州附近组织医疗抢救队伍，要火速赶往救援现场进行支援。同时，温州市血液中心也已经启动了应急预案，目前血库供应正常，而当地人也多方调血，据悉已有数百名温州市民主动来献血。目前铁道部长盛光祖赶赴事故现场，表示要尽最大努力把伤亡减低到最低限度。

【案例分析】

新闻稿一：这则新闻是7月24日早6点的报道，此时距离事故发生时间已经过去了近10个小时。报道一开始就给观众介绍了事故的伤亡、救援情况以及事故原因。在这些情况的报道中，具体的伤亡数字、事故原因很难用画面体现，所以，用文字稿作为补充。解说具体、准确、简单明了。

新闻稿二：这段解说介绍了事故现场的情况。我们从画面看到的是脱轨的列车悬挂在高架桥上和现场混乱的人群。从这些画面中，观众看不到列车的具体车次、哪些车厢脱节，人们都在现场做什么。所以，为了让观众对画面看得更明白，更清楚地了解新闻事实，就借助于文字来表现出来。这些文字是对画面的补充和拓展，表达简练、具体、准确。

新闻稿三：画面不能具体表现浙江省卫生厅组织救援的情况，所以解说词用了“浙江省卫生厅已经组织了由四家医院组成的四支医疗队”、“温州市血液中心也已经启动了应急预案”这些具体详实的解说语言。

案例：山东电视台《围观》之小悦悦被碾事故

图5-5　面包车两次辗轧小悦悦

解说词一

监控录像显示，事发当天下午5点20分左右，在画面的右下角，悦悦走了出来，而画面前方则出现了一辆白色的面包车，车直接撞到悦悦，把孩子卷入车底，前轮从悦悦身上碾过。从录像上看，司机显然知道轧人了，但他非但没有停车，然而他在停顿了几秒钟之后，一踩油门加速前行，后轮再次从孩子的身上碾过。

图5-6　路人对悦悦视而不见

解说词二

紧接着又走来一位路人，他就这么从悦悦身边绕了过去，看都没看孩子一眼，随后经过的两位路人也先后从悦悦的身边走过，他们看到倒在地上挣扎的孩子，完全视而不见。

图5-7　小货车又一次碾轧小悦悦

这时画面上方又出现了一辆小货车，司机似乎根本没有发现倒在地上的悦悦，再次从她身上碾过。在随后的5分钟时间里，又有十几个路人，陆续从孩子的身边经过，没有一个伸出援手，仅仅看了一眼悦悦，随即就离开。可怜的孩子，之前还有一丝的挣扎，慢慢地一动也不动了。

图5-8　捡垃圾的阿婆抱起小悦悦找人抢救

解说词三

时间到了下午5点31分，画面出现了一位捡垃圾的阿婆，她发现了倒在血泊里的孩子，四处张望，似乎是想询问周围的人们，这是谁家的孩子，随后她来到悦悦的身边，试图扶起她，但悦悦一下子瘫倒在地，老人只好把悦悦抱到路边，向旁边的店铺喊话询问，但仍然没有人出来，之后这位阿婆向巷子里走去，应该是去喊人了。几秒钟后，一位年轻的女士慌慌张张出现了，她抱起了小悦悦，匆忙离去，这位女士就是悦悦的妈妈。

【案例分析】

解说词一：在这段解说词中，小悦悦被第一辆车碾压时，解说文字写到“从录像上看，司机显然知道轧人了，但他非但没有停车，然而他在停顿了几秒钟之后，一踩油门加速前行，后轮再次从孩子的身上碾过”。我们同时可以从画面中看到司机停顿了一下，然后开车走了。可是司机的心理我们从画面中无法看到，而解说词直接揭示了画面无法表现的当事人的心理状态，司机的明知故犯就很清楚了。

解说词二：在第一位路人路过时，解说文字写道“他就这么从悦悦身边绕了过去，看都没看孩子一眼”。虽然我们也可以从画面中看到这位路人绕过去了，但是，路人视而不见的漠然，画面无从表现。因此，从“看都没看孩子一眼”的描写中，路人的冷漠就清晰地表现了出来。

解说词三：捡垃圾的阿婆出现时，从画面中我们可以看到阿婆四处张望，但是“似乎是想询问周围的人们，这是谁家的孩子”、“应该是去喊人了”阿婆的行为背后的心理是无法看到的。所以，解说词用了恰如其分的解说，在观众面前呈现了一位善良朴实的阿婆形象。

此案例的解说词，大多是对画面内容的拓展和深层的挖掘。

综述：从这两则新闻的解说词可以看出，电视新闻稿的写作要注意为画面服务。节目终归是给观众看的，电视新闻吸引观众的首先是画面。所以，新闻稿要围绕画面写，补充画面不足以表达的内容。新闻稿虽然是用文字写作的，但这些语言的出现是为了让观众更好地理解画面内容，因此，我们称之为“为看而写”。

总之，在新闻稿写作时，既不能重复画面内容，又要考虑观众的需求，对画面中没有或无法表达的内容进行解说，做到声音和画面相互协调。

二　为听而写

电视新闻，除画面的传递外，还依赖于声音的传送。因此，新闻稿写作还要照顾观众的听觉习惯。

案例：《人民日报》之温州动车追尾事故（2011年7月24日）

铁道部消息，7月23日20时50分，杭深线永嘉至温州南间，北京南至福州D301次列车与杭州至福州南D3115次列车发生追尾事故。据24日1时13分传来的消息，事故已造成16人死亡，100多人被送往医院。200多名温州人获悉后赶往医院，踊跃为伤员献血。

D301次列车第一至四位脱线，D3115次列车第十五、十六位脱线。事故原因正在调查。铁路部门及地方有关单位已紧急组织救援。事故发生后，铁道部部长盛光祖赶往现场指挥救援。

事故发生后，温州消防支队接警立即调集官兵前往参与救援。截至23日23时许，温州消防支队已经出动22个中队、280多名官兵参与救援。记者23日23时30分从浙江省消防总队了解到，目前已经调集了温州周边的台州、丽水、宁波、金华等地的70多名消防官兵驰援温州。浙江省卫生厅已组织由浙医一院、浙医二院、省人民医院、台州医院等四家医院组成的四支医疗队赶往事故现场，开展医疗救援。

铁道部23日午夜紧急向各铁路局下发了调度命令，要求所有铁路局局长深入一线指挥，强化安全管理，全面检修线路及机车设备。据南昌铁路局相关部门透露，受事故影响，23日晚福州、厦门开往浙江方向的部分动车折返。铁路部门已安排沿线各站点，对折返动车旅客实行全额退票措施。同时，铁路工作人员加强了对滞留旅客的解释、安抚工作，及时为旅客办理改签、退票手续。

【案例分析】对同样的新闻事实的报道，文字新闻和电视新闻的表述就不同。文字新闻是给读者看的，而电视新闻是要求观众看画面的同时还要听，所以文字新闻大多用书面语，而电视新闻则多用口语。

我们将《人民日报》的文字新闻和电视新闻的表述进行比较：

"杭深线永嘉至温州南间"，这样的语言适合阅读。电视新闻口语化才适合听，所以同样的意思，在电视新闻中的表述为"行驶至温州市双屿路段时"，语言通俗、朴实自然，而且用的双音节词"行驶"，这样听起来顺耳，读起来顺口。

"D301次列车第一至四位脱线，D3115次列车第十五、十六位脱线"，"脱线"这样的用词也是适合阅读，而不适合听，听起来不好理解，也容易与"脱险"这样的同音词混淆，产生误解，所以，在电视新闻中，同样的事实改成了口语化的表达“造成D301次列车4节车厢从高架桥上掉落”，这就简洁明了、通俗易懂地说明了火车脱线。

“目前已经调集了温州周边的台州、丽水、宁波、金华等地的70多名消防官兵驰援温州”，这里“驰援”的意思是“当别人需要帮助的时候，以最快的速度予以支援”。在文字新闻中出现这样的词汇，用词精准、语言简练，可是，这种词汇不大适合听，人的听觉思维跟不上声音的速度，往往还没有反应过来什么意思就过去了。所以，在前面案例的电视新闻中，同样的意思表述为“并要求温州附近组织医疗抢救队伍，要火速赶往救援现场进行支援”。“火速赶往救援现场进行支援”比“驰援”通俗，观众一听就明白。以上文字新闻中的“深入一线”“折返”等词也属于书面语，电视新闻稿中就要改成口语表述了。

“浙江省卫生厅已组织由浙医一院、浙医二院、省人民医院、台州医院等四家医院组成的四支医疗队”这段文字新闻并列了几大医院的名称，句子结构很长，也是适合阅读不适合听。在电视新闻中表述为“浙江省卫生厅已经组织了由四家医院组成的四支医疗队，赶往事故现场，开展医疗救援”，用缩略形式把句子结构简单化，这也是照顾了观众的听觉习惯。因为电视观众接受信息往往不会特别全神贯注，听到的信息稍纵即逝，所以，结构简单的句子、简短的词语容易给观众留下深刻的印象。

另外，在小悦悦被碾事故的电视新闻中，解说词中出现了很多诸如“随即”“随后”“喊话”等这样朴素上口的双音节词，也有“慢慢地”“慌慌张张”等这样的形象生动的描写词汇，还有“碾过”“走过”“绕了过去”“经过”等这样的通俗、准确、形象的词汇，与画面相互补充，相得益彰。

综上所述，电视新闻稿不能像文字一样可以停留、回味、重读，所以，从用词、句子结构、表达风格等方面要设法给观众留下深刻的印象。

知识点

1. *为看而写*

解说词要力争有画面感，语言的运用要做到准确、生动、具体、形象。

☞ 语言要准确精当

解说词不但要求内容和表达准确，同时要求和画面形象吻合。解说词是画面内容的解释或信息的拓展，甚至是画面的深度挖掘。

☞ 语言要实在具体

解说词要根据画面需要，把画面不能表达的新闻事实转换成实实在在的内容。直观可见的画面语言要有相应的具体解说，才能把事件、思想、观点传达得清清楚楚，才能把一般性的意思和抽象的道理说得栩栩如生、具体实在，才能使观众产生一种明晰的印象，便于理解和接受。

☞ 语言要形象

虽然解说词是配合画面的，但语言本身也要注意形象性。使用形象感强烈的词汇，可以加深观众的印象。因此，要使解说词写得形象活泼，就要注意词汇的选择，必要时采用比喻、拟人、象征等修辞手法。

2. 为听而写

电视新闻“为听而写”的特点要求解说词写作必须口语化、通俗易懂、朴实自然、形象生动。

做到口语化应注意：字要响——遣词造句要清楚响亮，多用平声字，同音字要慎用，注意押韵；词要双——多用双声词；句要短——少用多层的从句、倒装句；数要简——粗略不计、形象替换、图像显示。

做到形象生动应注意：多用实词、动词，少用虚词、形容词，将抽象的内容具体化。

此外，电视新闻稿写作还应该尽量使用富有节奏感的语言，节奏感强的语句给人一种明快和谐的听觉感受，容易记忆，也容易接受，更容易激起共鸣。

单项训练

比较下面文字新闻中画横线的部分与上述案例中电视新闻的相关事实的表述有什么不同。

《羊城晚报》记者周松、钟传芳、许琛报道：人情冷暖，何至于此?! <u>10月13</u>

日下午5时30分许，一出惨剧发生在佛山南海黄岐广佛五金城：年仅两岁的女童小悦悦走在巷子里，被一辆面包车两次碾压，几分钟后又被一小型货柜车碾过。而让人难以理解的是，七分钟内在女童身边经过的十几个路人，竟然对此不闻不问。最后，一位捡垃圾的阿姨把小悦悦抱到路边并找到她的妈妈。事后记者从监控视频中为我们再现了这十余位“冷血动物”的真相：

第一个人：白衣深色裤男子，左右张望，似乎看不到小悦悦，然后径直从小悦悦脚边经过。

第二个人：摩托车男，小悦悦躺在其正前方，他往下看了一眼，一拐弯绕过伤者。

第三个人：浅色长袖衣服男，走进监控范围后一直盯着小悦悦，却走得离孩子越来越远。

第四个人：开着蓝色后尾箱三轮车男，从店铺门口两次横向经过，对两米外的小悦悦视若无睹。之后该红衣男子再次开车路过，看着小悦悦，却没有停步。

第五个人：踩着三轮车的蓝衣男子经过。

第六个人：另一摩托车男经过。

第七个人：黑衣男子开摩托车经过，不断回望小悦悦。

第八个人：一名中年女子带着黄衣小女孩经过，看了几眼没有停步。

第九个人：一个穿雨衣的摩托车男子经过。

第十个人：穿着蓝色短袖衣的男子在小悦悦身边来回两次，除了奇异的目光外再无动作。

这是一幅怎样的惨象，怎样的悲剧，怎样的凄凉，怎样的冷酷无情？！

第二节　电视新闻的结构及写作方法

无论是报纸、电视还是广播，一则结构完备的新闻消息，通常是由标题、导语、主体、背景、结尾五个部分构成的，其中标题、导语、主体是基本构成要素，背景和结语有时蕴涵在主体里面，有时则被省略。电视新闻写作具有其特性，不仅需要有高度的概括性并遵循事物的脉络阐述新闻事实、解释新闻背景、揭示新闻主题，还要考虑声画对位和逻辑关系。因此，写好电视新闻消息要从电视新闻的基本特点出发，对新闻的标题、导语、主体、背景、结尾进行精心的安排。

一 标题的写作

案例：2011年10月21日《新闻联播》节目新闻标题

图5-9 中国—东盟商务与投资峰会开幕

图5-10 加大投入 促进文化事业产业发展

1. 三季度经济观察

2. 中国—东盟商务与投资峰会开幕

3. 第八届中国—东盟博览会开幕

4. 温家宝会见马来西亚总理

5. 温家宝与欧洲理事会主席紧急通电话

6. 贾庆林出席政协常委会全体会议

7. 李长春会见南苏丹苏人解代表团

8. 习近平会见俄联邦安全会议秘书

9. 加大投入 促进文化事业产业发展

10. 第三次全国老龄工作会议在京召开

11. 我军举行多军兵种高海拔联合演练

12. 西安世园会参观人数创历届最高

13. 国内联播快讯

(1)中国妇女社会地位提高显著

(2)第17届义博会参展商品逾170万种

(3)第五届中国国际声乐比赛在宁波落幕

(4)“澳门江苏周”今天开幕

14. 利比亚执政当局宣布卡扎菲死亡

15. 泰国首都曼谷开闸泄洪

16. 杨洁篪会见丹麦首相

17. 国际联播快讯

(1)土总理称越境打击库尔德工人党

(2)“埃塔”宣布永久放弃武装斗争

(3)希腊议会通过新一轮经济紧缩措施

(4)查韦斯宣布自己已痊愈

【案例分析】以上是当天《新闻联播》节目中全部新闻的标题及部分新闻标题画面截图。电视新闻的标题是以字幕的形式出现在电视画面中的，它能起到概括提示新闻内容的作用。通观上述文字标题和电视画面，我们能看出这些标题既没有像报纸、广播新闻那样出现复合结构的标题（引题+正题+副题），也没有像文学作品的标题那样带有很强的艺术性，更没有出现生僻字和专业术语，基本上都是短小醒目、通俗易懂的一句话，语义具体实在，很好地反映出了新闻的主要信息。以新闻“西安世园会参观人数创历届最高”为例，新闻的主旨在于说明西安世园会得以成功举办，并获得巨大的经济和社会影响。该标题紧紧抓住 “西安世园会”（何地）、“参观人数”（何人）、“创历届最高”（何事）这三个关键词，仅用14个字的标题就将新闻的核心内容清晰地反映出来。当日节目中的其他标题也多采用了这种主谓宾陈述句结构的标题，以何人做了何事的模式将新闻事实概要地陈述出来，语句简洁明了，内容清晰凝练，使观众观看标题和画面即可获知新闻事件的核心内容，一目了然。

案例：2011年10月21日《晚间新闻》节目新闻标题

1. 热播电视剧《下海》明晚登陆
2. 美国职业篮球联赛劳资谈判：分歧仍在 30小时谈判无果而终
3. 澳大利亚：汽车失控 幸运男孩逃过一劫
4. 中国银联卡 韩国全通用
5. 各方帮扶 企业渡难关
6. 山东：汽车动力系统形成完整产业链
7. 假记者：借假网站行真敲诈
8. 上市药品将配“电子身份证”
9. 我国服装产业进入转型关键期
10. 新疆主题教育：抓特色 重实效
11. 何勇：全面推进基层组织党务公开
12. 孟建柱：培养造就高素质实战教官
13. 王岐山与比利时王储举行会谈
14. 泰国洪水泛滥 中资企业库区受灾
15. 曼谷：洪水逼近 曼谷市区面临威胁

16. 内斗纷乱恐影响利比亚战后重建

17. 被捕或在逃 卡扎菲次子行踪不明

18. 利比亚政治过渡应有包容性

19. 伽利略导航系统首批卫星升空

20. 我国主战坦克跻身世界先进水平

21. 本台短评：要激浊 更要扬清

22. 乘客跌入地铁 工作人员紧急施救

23. 抬车救人 数十人搭救被撞女孩

【案例分析】在这一节目中出现了许多形式多样的新闻标题，很值得我们研究。标题“孟建柱：培养造就高素质实战教官”、“山东：汽车动力系统形成完整产业链”中加入冒号，把标题分成前后两部分，前段为新闻中的人物或发生地点，后段说明发生在此人此地上的事件，前后形成一种独特形式的主谓关系。标题“泰国洪水泛滥 中资企业库区受灾” 前后语段形成对偶，形式整齐而且富于节奏美感，读起来朗朗上口。标题“乘客跌入地铁 工作人员紧急施救”前段交代新闻事件的前因，后段说明事件的处理情况，借助短小的两个分句把事情的前因后果交代得非常清楚。以上这些标题用新颖的形式将新闻的主要信息传达出来，给观众耳目一新的感受。

知识点

电视新闻标题是指出现在电视新闻画面上，专门用于概括、提示、评价新闻内容，同时又区别于其他提示性字幕图版的简短字幕。基于电视新闻的特点，电视新闻标题的写作应遵循以下要求：

1. 标题为单一结构标题

电视新闻标题一般只有一个正题，而且多选用短句形式，避免或减少冗长的复合句和不必要的引题、副题等的出现。电视新闻中的标题多是通过字幕的形式表现出来的，而且在电视画面播放中字幕稍纵即逝，使用复杂的标题形式往往会给观众的阅读带来一定困难，影响观众对标题内容的把握，从而影响电视新闻的传播效果。

2. 标题以实题为主

新闻标题的内容要具体实在，应使用简洁概要的字词清晰地揭示出新闻事实中的人物、事件、地点等核心内容，明白无误地说明“已经发生的事情”、“正在发生的事情”或“将要发生的事情”。

3. 标题用语通俗易懂，形式多样

由于电视新闻标题往往以字幕形式出现在电视画面中，为了画面的美观和谐，标题应尽量短小醒目。同时作为对该新闻事实和新闻画面的概要介绍，新闻标题还需要满足观众视觉接受信息和快速阅读的需要，因此，标题应一目了然，尽可能减少使用生僻字和专业术语，使观众既易于读懂，一瞥之间便尽明其意，又可借助恰当的修辞方式来增强标题的节奏感和表达上的美感，从而使观众能够快速对新闻标题产生记忆。具体来讲可采用以下几种形式进行写作：

☞ 陈述式标题。标题由主谓宾结构构成，形成一个意义完整的句子，用以陈述发生的新闻事实，此类标题常用于时政新闻。

☞ 概要式标题。标题概要说明新闻的主要内容，也可在形式上分为前后两段，但往往不强调对偶，重在说明新闻事实。

☞ 因果式标题。标题中说明新闻事件的原因和结果，可用一句话的形式，也可将原因和结果分成前后两部分，此类标题多用于社会问题、意外事故等题材的新闻。

☞ 主谓式标题。标题为前后两段，用冒号隔开，前段为主语，一般是新闻事件中人、事、物或地点的名称，后段为谓语，说明新闻事件主人公的情况，从而前后两段形成主谓之间解析说明的关系。

☞ 对偶式标题。标题采用对偶的艺术手法，突出在结构上的美感和节奏，各类新闻均可见此类标题。

单项训练

阅读以下新闻文稿，为其拟定三种不同形式的新闻标题。

南京军区南京总医院把惠及广大患者作为创建研究型医院的目标，带动了临床治疗水平的整体提高。

每周四是医院举办大讲坛的日子，走进学术大厅，早已座无虚席，连讲台边、过道上都挤满了人。

这样的学术研究场面，在南京总医院已成为常态。刘院士讲到的课题，是医院整合创伤外科、神经外科等多个学科，由两名院士领衔、20多名专家共同参与的，被称为生命绿色通道工程。

依据这项科研成果，一旦遇到自然灾害及突发公共卫生事件，危重病人将直接进入应急处置病区，实施复苏处理后，利用重症监护、连续性血液净化、营养支持等技术，最大程度降低死亡和伤残率，然后转入相关科室，进行确定性治疗。

这种内生增长的医疗驱动模式，为医院发展注入了活力。肠功能障碍治疗，是医院整合优势医疗资源攻克的世界医学难题，造福4万多国内外患者，治愈率达到95.9%。此外，他们还在国际上率先采用多靶点疗法治疗重型狼疮性肾炎，缓解率从15%上升到65%。重症胰腺炎、医学影像介入治疗等10多项国际领先技术，也都及时转化服务于临床。

（资料来源:《新闻联播》2011年12月15日）

二 导语的写作

案例：甬温线发生特别重大铁路交通事故 救援全力展开

图5-11 甬温线特别重大铁路交通事故电视新闻画面

昨天晚上8点38分，北京至福州的D301次列车行驶至甬温线温州市双屿路段时，与杭州开往福州的D3115次列车发生追尾事故。事故发生后，各方展开全力救助。

事故造成D301次列车的4节车厢从高架桥上掉落，被追尾的D3115次列车第15、16节车厢脱线。事故发生后，铁路部门、消防、武警及地方有关单位迅速启动应急预案，火速赶赴现场组织救援。

浙江省消防总队派出了600多名消防官兵赶赴现场救援。由于桥梁距地面大约有15米的高度，救援难度大，消防部门还派出2辆特种车辆，以加快救援进度。

温州军分区和驻地海军官兵第一时间到达事故现场后，紧急开辟了一条救援通道。由于车厢门被严重冲击变形，救援官兵组成3个救援行动小组，破拆进入受损最严重的车厢内展开搜救。

事故发生后，铁道部和浙江省的主要领导连夜赶到现场，指挥救援工作。

事发后，浙江省卫生厅组织了由四家医院组成的四支医疗队赶往事故现场，开展医疗救援，温州各大医院启动了应急预案，医护人员全部到岗，24小时值守，并开设绿色通道、组织专家会诊，调集充足的药品。目前，温州全市共投入11家医院对伤者进行救治，同时，浙江省血液中心也启动了应急预案，保证血液供应。

医院全力以赴救治伤员，许多素不相识的人们也纷纷伸出援手献爱心。从昨晚起，前往温州中心血站献血的市民源源不断，其中不少是80、90后的年轻人。

临近深夜，仍有不少人前来，一些热心人经过工作人员再三劝说才离开。

在杭州、宁波等地，众多好人也踊跃献血。今天，一些贴有爱心标志的车辆穿行在温州街头，这支由出租车和私家车组成的爱心车队，主要在医院、汽车站等地无偿接送需要帮助的人。

目前所有的受伤人员已经全部被转移到温州市的各家医院进行治疗。

今天凌晨4点左右，人员搜救基本结束。从早晨6点多开始，随着重型设备进入事故现场，现场清理作业进度加快。D301次车上的行车记录器，相当于飞机上的“黑匣子”已经找到。

上午10点左右，因坠落和地面成90度角的D301的第4节车厢，在3辆起重机的拽拉下，放倒在地面。

经救援人员仔细搜寻，下午5点20左右，事故现场发现一名幸存的4岁小女孩。受事故影响，7月24日铁路部门停运列车58列。凡是因事故原因需要退车票的旅客，铁路部门一律原价退票。另外，铁道部在温州南站加开了两趟临时旅客列车，将因事故滞留的旅客送到目的地。

【案例分析】这是2011年7月24日《新闻联播》节目中播出的一条新闻。新闻的主要内容为介绍动车事故的救援情况。新闻开头先由主持人出镜，概要介绍了本次事故的时间、地点、人员及救援进展等基本信息，从而把观众的注意力带到了本条新闻的播报中，进而利用画面、画外音等方式详细介绍了救援情况。从新闻的结构上来讲，新闻开头的这段文字即是新闻导语，它以概要陈述新闻基本信息的方式将观众从上一条新闻引入本条新闻，起到了良好的导引作用，为接下来更为具体的信息报道开了一个好头。

案例：新闻节目中不同类型的新闻导语

第一组：概述式导语

全国人大常委会委员长吴邦国10日下午在人民大会堂会见了加拿大参议长金塞拉。

——《吴邦国会见加拿大参议长》（2011年10月10日节目）

今天上午，在河南中信重工，由我国建造的世界最大的油压机，首次成功锻造重达438吨的特大型钢锭。这一油压机的锻造压力可以达到18500吨，是世界上最先进的。

——《世界最大油压机锻造438吨特大钢锭》（2011年10月10日节目）

【案例分析】上述是两条新闻开头的导语部分，可以看到它们在表述上都很平实朴素，没有过多的描述性词语，只是抓住了新闻的主要事实，用简洁概括的词语将新闻内容概括出来，使观众一看就能知道新闻的大致内容。前文案例的

“甬温线发生特别重大铁路交通事故 救援全力展开”的新闻导语也是采用这种方法。这样的导语就叫做概述式导语。

第二组：描写式导语

天津客运段特253次列车副列车长吴楠在这个国庆长假里跟着师傅、列车长王强出车执乘了。

——《T253次列车上的老少列车长》（2011年10月6日节目）

老百姓出门能唱歌、跳舞，进门能看戏、读书，各级文艺院团也走到田间地头，手把手教基层群众表演。近年来，各地积极建设一系列文化惠民工程，广大群众共享公共文化建设成果。

——《【文化新气象】文化“民心工程”惠及千家万户》（2011年10月22日节目）

【案例分析】相比前面提到的概述式导语，这两条新闻的导语更像是在讲故事，描绘场景，以形象的描述完成了对新闻时间、地点、人物等基本要素的介绍，自然生动地将我们带进了新闻场景中。我们称这样的导语为描写式导语。

第三组：提问式导语

按照中央的要求，地震灾区三年重建任务已全面完成，灾区老百姓也住进了按重建规划盖起的新房子。然而未来的日子怎么过，灾区的发展之路又该怎么走？带着这些思考，记者走进了地震重灾区——虹口乡。

——《【走基层】要住好房子 更要过好日子》（2011年9月29日节目）

【案例分析】这条新闻导语在新闻一开头就先对观众提出问题，引发观众对灾区建设问题的思考和关注，达到了在提问中激发观众对新闻内容产生兴趣的效果，让观众继续将节目看下来成为顺其自然的事情。

怎样让残疾人生活有保障并且有尊严？本台记者走访宁夏吴忠市红寺堡区，这个成立不过12年的生态移民新区，正在打造一整套慈善产业链用于帮扶残疾人。政府投资为残疾人开办照料中心，福利企业为残疾人解决就业问题，一座规划30平方公里的慈善工业园也正在兴建中，成为宁夏黄河善谷的起步区。

——《【走基层·第一手调查】宁夏：从菊花台村到"黄河善谷"》(2011年10月6日节目)

【案例分析】本条新闻开篇先提出问题，带领观众进入新闻主题的思考，紧接着又介绍了本则新闻的对象、内容，这种提问与描写相结合的写作方式进一步增强了新闻导语的导视性。

第四组：评论式导语

蓝图绘就　文化企业迎来新机遇

党的十七届六中全会提出了加快发展文化产业，推动文化产业成为国民经济支柱性产业，为企业实现新的跨越提供了新的机遇，这让各地文化企业和文化工作者倍感振奋。

保利文化集团剧线管理、艺术品拍卖等文化项目收入今年有望超过8个亿。

保利文化集团股份有限公司总经理蒋迎春：我们也希望借助资本市场的力量，能实现文化和旅游、文化和科技等产业的结合，能够创出一条新路，为中国的文化事业发展做出贡献。

华数传媒网络有限公司总经理励怡清：6年前，华数完成了从事业单位到企业单位的全新转型，华数希望通过接轨资本市场和新业态服务两轮驱动，在国内率先建立媒体云平台和跨代网。

作为国内首个上市的公关公司，五百多家国际大企业相继成为蓝色光标的客户。

蓝色光标传媒集团董事长赵文权：我们也想借助这种春风，在未来两到三年之内，我们能够进入全球公共关系行业的二十强，用五到六年的时间，我们能够真正地进入到全球公共关系(行业)的十强。

刚刚受邀在法国参加了“全球顶级面料流行趋势发布会”的时装设计师周红,是评审团中有史以来第一个中国面孔。

时装设计师周红:在这么好的大环境下,中国的很多设计师也在自主研发自己的创新品牌,也希望打造出我们自己东方的时尚。

演员张涵予:作为演员,我觉得未来的创作空间会更大,能够尝试很多不同的角色,不同类型的电影,这样你就会特有干劲儿,也希望我们的电影工作者能够多拍出一些既有票房,又能传播真善美这样的好电影。

电影导演童年:我们带着一种给弱者美梦,给强者提醒,给智者共鸣的理念,去和世界的、和国际化的文化产业做积极的对接和开拓,希望我们找到这个崭新的平台和空间,让中华文明能够远行天下、深入人心。

【案例分析】这是2011年10月22日《新闻联播》节目中的一则新闻。该新闻主要借助文化企业和文化工作者的感受来反映我国文化产业政策为他们带来的发展机遇和变化。文稿第一段以评论的语气把对文化产业的地位、价值的认识和文化工作者的总体感受综合表达出来,从而为新闻定好了总体基调。这种写法的导语称为评论式导语。

第五组:背景式导语

11名被解救儿童昨晚回到贵阳

自从2010年以来,贵州遵义市连续发生多起儿童失踪被拐案件,由于影响较大,该案被公安部列为全国打拐专项行动1号督办案件。本月16号,由公安部统一部署,专家组在河南警方的大力配合下开展了集中抓捕、解救被拐儿童的行动,先后抓获了18名犯罪嫌疑人。昨天晚上11名被解救的儿童由专案组的成员护送回了贵州。

【案例分析】这是2011年10月20日《朝闻天下》中的一条新闻，主要报道了贵州11名被拐儿童获救、被护送返回家乡的事件。为了突出这一新闻的价值，在导语部分，编者特别对这一新闻的背景进行了介绍，表明被拐儿童返家是社会重大案件取得的显著成果。正是借助这一背景介绍，进一步增强了这一新闻的新闻价值。这则新闻导语的写法是以背景介绍的方式来写的，这样的导语称为背景式导语。

知识点

新闻导语一般位于新闻正文的开头，是新闻文稿的第一段或第一句话。和一般文体的开头部分不同，新闻导语并不是简单起到介绍事由、引导正文的作用，它主要用于说明新闻的主旨或主要事实，或者引起观众对新闻的兴趣和注意。因此，在写作中导语往往是用简练的文字准确地概括新闻的中心内容和主旨思想，把观众最感兴趣的信息点和最应传递给观众的新闻信息率先写出来，通过将最重要、最新鲜、最富有吸引力、最有新闻价值的新闻材料放在开篇，揭示新闻主旨，引起观众对新闻的兴趣和注意。一条新闻导语是否能够紧紧抓住观众的注意力，写作是否精彩，直接关乎整篇新闻的成败。目前常见的新闻导语写作方法有如下几种：

1. 概述式导语

这类导语往往摘取新闻主要事实，用凝练、朴实的语言对新闻内容进行高度概括，从而扼要叙述新闻事实。它也是新闻导语最常用的一种方式。

2. 描写式导语

此类导语的最大特点是对新闻事实发生的时间、地点、环境、场景、人物的行为态度等做形象生动的描述，从而很容易将观众带入新闻事件的情境中。

3. 提问式导语

此类导语往往采用开篇设置问题的方式，从而在新闻播出的第一时间吸引观众的兴趣，进而引导观众关注后续的详细报道。提问可以只提出问题，在接下来的正文中再详细介绍新闻内容回答问题，也可以在提出问题的同时，配以对新闻事实的概要叙述，这样既能引发观众的注意，又能传递新闻的核心内容。

4. 评论式导语

此类导语往往开篇先对新闻进行综合评述，表明新闻的中心思想和主要观点，继而在正文中具体展开新闻内容，从而更为深入、全面地提供新闻信息，说明新闻中所要表达的主要思想和认识。这种评论式导语的突出特点在于对新闻事实明确表态，带有鲜明的倾向性。

5. 背景式导语

有些新闻不仅会在导语部分介绍该新闻的重要信息，同时还会对该新闻的背景进行概要介绍，目的在于进一步突出本条新闻的价值，这也成为不少新闻导语采用的一种有效方式。

除去上述提及的几种新闻导语写作方式外，有时我们还会见到以下几种写作方式：对比式导语，即将两种情况进行对比，从而突出其中一种情况的独特性，进而引出新闻内容；结论式导语，即先说明从新闻事实中得出的结论，再进一步阐述事情的发展脉络；引语式导语，即引用人物话语、条文规定、民谣谚语等作为开头，然后引出新闻事实。

随着电视新闻节目的不断发展，新闻导语的写作也呈现出日益丰富化的发展趋势。无论采用何种新闻导语写作方式，我们都应紧紧抓住以下基本的写作原则：提炼典型事实、形象化情节和富有特点的细节；突出最具新闻价值、最有吸引力的事实、最能表现最新事态的新闻要素；在内容及语言上与新闻主体协调一致、相互呼应。在此基础上，要创新表现形式，从而写出立意新颖、形式多样的新闻导语。

单项训练

阅读以下新闻文稿，至少用两种导语写作方法为其撰写恰当的新闻导语。

闵乃本，中国科学院院士，著名物理学家，2006年国家自然科学一等奖获得者。他领导发明了一种叫做“介电体超晶格”的激光波长变换材料，开拓了当代激光技术的新应用，也拓展了非线性光学研究的新领域。

来到闵乃本院士的家，刚刚出院的他正在书房工作。76岁的老人谦称他们这代人的科研生涯起步晚，没有任何理由去浪费时间。

2006年，他研究出的神奇晶体材料开始为人所知。而从最初提出科学设想到最终取得成果，闵院士默默耕耘了近19年，光大小实验就做了几千次。

19年的坚持，闵院士收获了一流的科研成果，还培养出了一流的人才。从他的科研团队中，走出了一批活跃在国内外学术前沿的科学家，包括1名中科院院士，4名长江学者。

作为九三学社成员，时代赋予的责任感、使命感让他对参政、议政投入了极大热忱。2003年，他参与制定了《国家中长期科技规划纲要》。

闵院士告诉我们，对科学的追求最终目标是对国家、对民族、对人类有所贡献，这是他秉持的信仰，是他终生也不愿偏离的轨迹。

（资料来源:《新闻联播》2011年12月15日）

三　主体的写作

（一）时间顺序结构

案例:《我国中部大雾渐散 雨雪纷至沓来》

图5-12　我国中东部大雾渐散　雨雪纷至沓来

今天，在冷空气的作用下，我国中东部地区持续多日的雾霾逐渐散去，中央气象台在今天上午解除了大雾蓝色预警。随着这股冷空气的东移南下，我国中东部地区雨雪、降温天气较昨日有所增多，东北、华北、黄淮、江淮等地今天普降小到中雨。据气象部门监测显示，今天，山东南部、河南东部降雨10~20毫米，黑龙江南部和吉林北部出现雨夹雪或雪，黑龙江中部、吉林中部、辽宁北部和西部、河北北部等地相比昨天午后降温超过14度。东北、华北等地降温的同时还伴有4到6级大风。中央气象台预计，这股冷空气移动速度较快，它对我国中东部地区的影响将持续到本月25号。

【案例分析】这是2011年10月23日《新闻联播》节目中的一则短新闻。该文稿没有专门撰写导语，而是直接进入主体的写作。围绕我国中东部气象情况这一主题，新闻的画面选取了部分地区的图像来做直观展示，但由于地点、具体温度等信息不宜在快速转化的画面中表现，因此文字部分着重在这些方面进行了具体介绍。整个主体内容材料具体、充实，用语精炼、紧凑，注重用事实说话，很好地配合画面完成了对新闻主题的详细介绍。

案例:《李克强抵达朝鲜进行正式友好访问》

图5-13　李克强抵达朝鲜进行正式友好访问

应朝鲜劳动党中央委员会和朝鲜政府邀请，中共中央政治局常委、国务院副总理李克强于当地时间23日抵达平壤顺安机场，开始对朝鲜民主主义人民共和国进行正式友好访问。

抵达时，朝鲜劳动党中央政治局委员、副总理姜锡柱，政治局候补委员、书记局书记兼国际部长金永日，政治局候补委员、书记局书记兼平壤市委责任书记文耿德，外务省副相金成基，中国驻朝鲜大使刘洪才等到机场迎接。

李克强在机场发表书面讲话。他说，中朝是山水相连的友好邻邦，两国人民的传统友谊源远流长。在两国最高领导人的亲切关心和双方共同努力下，中朝关系日益得到良好发展。中方愿与朝方一道，不断深化各领域交流与合作，更好地造福两国人民。

李克强指出，中方赞赏朝方在改善南北和朝美关系、推动重启六方会谈等方面采取积极行动，愿继续发挥建设性作用，与有关各方一道，为推进朝鲜半岛无核化进程，维护本地区的和平、稳定与发展做出积极贡献。

李克强表示，相信这次访问将进一步加强中朝两党、两国政府和两国人民间的传统友谊，推动中朝传统友好合作关系继续向前发展。

访问期间，李克强将同朝鲜领导人举行会谈、会见，就中朝关系及共同关心的国际和地区问题交换意见。李克强还将参谒锦绣山纪念宫、友谊塔，参观农业、教育等项目。

【案例分析】这是2011年10月23日《新闻联播》中的另一则长消息。在导语部分概要介绍了李克强本次出访朝鲜的新闻信息后，主体部分对本次出访的抵达机场迎接、机场发表书面讲话、访问期间的安排等几个具体细节进行了阐述，并选择了机场讲话中最能体现本次出访意义、性质、作用的关键性语句作为主体的重要内容，使新闻价值进一步得以提升。从结构上来看，整个主体内容按照新闻事实本身的逻辑顺序自然展开，依次对出访活动的几个代表性环节一一加以阐述，从而将整个新闻的内容具体地呈现给观众。

案例：《温家宝总理到温州甬温线特大铁路交通事故现场悼念遇难者，看望受伤人员，慰问遇难者亲属并与中外记者见面》

中共中央政治局常委、国务院总理温家宝今天来到浙江温州，察看

“7·23”甬温线特别重大铁路交通事故现场，悼念遇难者，看望受伤人员，慰问遇难者亲属，对伤亡人员家属表示深切慰问，与中外记者见面。

上午10时40分，温家宝在国务委员兼国务院秘书长马凯陪同下来到温州市第二人民医院，看望了住在重症病房和普通病房的伤员。他详细询问了伤员伤情，以及治疗进展情况。他对伤员们说，这起事故给你们带来了不幸，全国人民非常关心。我们一定要对每一位受伤人员的治疗负责到底。希望你们安心养病，早日恢复健康。他还特别叮嘱医生要精心治疗，让伤员早日康复。

两岁零八个月的小女孩项炜伊是这起事故最后一名获救者。温家宝特地来到温州医学院附属第二医院看望小伊伊。医护人员告诉总理，手术后孩子已经能吃西瓜和流食，生命体征平稳。温家宝听后说，要好好照顾孩子，政府会关心，人民会关心，大家一起来关心。

随后，温家宝到金球国豪酒店看望了部分死伤人员家属。温家宝向他们深深鞠躬，表示深切慰问。温家宝认真听取了10多位遇难者家属的意见，并回答了他们提出的问题。他说，国务院已成立独立的调查组调查事故原因，会给大家一个公道的交代。有关部门要认真听取群众意见，包括各种质疑，妥善处理好群众关心的问题，让死者安息，给生者慰藉。

12时10分许，温家宝来到事故发生地温州市鹿城区黄龙街道双岙村的铁路高架桥下，敬献鲜花，并三鞠躬，表达对遇难者的哀悼。

随后，温家宝在事故现场会见了中外记者。温家宝说，我们不要忘记在这起事故中遇难的人。这起事故对我们是个警醒：发展和建设都是为了人民，让我们认识到一个政府最大的责任就是保护人的生命安全。

在回答记者提问时，温家宝说，事故发生以后，国务院立即成立了独立的事故调查组，包括安监、监察等部门，他们将通过现场勘测、技术取样、科学分析、专家论证，得出一个实事求是的、经得起历史检验的结论。事故处理要依照国家法律法规，严肃追究直接责任者和领导责任。事故调查处理的全过程要公开透明，接受社会和群众的监督。

温家宝说，我们处置事故的第一原则就是救人。事故发生后，胡锦涛主席当即指示要把抢救人放在第一位，我得到消息后也立即给铁道部负责人打电话，我只说了两个字：救人。处置的第二个原则，就是要检查安全情况，通过取证、调查和分析，停开那些有问题的列车，对道轨以及路基进行排查。事故善后处理一定要人性化。处理的过程应当及时、准确向群众发布信息。

谈到中国高铁发展，温家宝说，高铁建设应该从设计、设备、技术、建设和管理综合考虑。其中安全最为重要。失掉了安全，就失掉了高铁的可信度。近年来高铁事业有了很大的发展，但这起事故提醒我们，要更加重视高铁建设中的安全度，实现速度、质量、效益和安全的统一，把安全放在第一位。相信有关部门会认真汲取这起事故的教训，从多方面改进工作，特别是突破关键技术，加强管理，使中国的高铁真正安全起来，这样才能在世界上站得住、有信誉。

温家宝说，今天我们站在这里总结事故教训，并且寄托对死难者的哀思，就要振奋精神，团结一致，努力工作，把我们的现代化建设事业搞得更好。

【案例分析】这是在“7·23”动车事故发生后《新闻联播》于7月28日播出的与事故相关的新闻报道。从新闻文稿的内容来看，它按照时间顺序依次介绍了时任总理温家宝来到温州市第二人民医院看望住在重症病房和普通病房的伤员，到金球国豪酒店看望部分死伤人员家属并表示慰问，到事故发生地温州市鹿城区黄龙街道双岙村的铁路高架桥下表达对遇难者的哀悼，在事故现场会见中外记者等相关活动。按照时间顺序来安排新闻内容结构，其特点和优势在于能够非常清晰地、有序地将新闻事实发生的过程阐述出来。

以上三个案例中运用的主体结构安排称之为时间顺序结构。

（二）逻辑顺序结构

案例：《秋收一线》和《【走基层】紧急协调产销对接》

秋收一线

吉林省今年又是一个丰收年，粮食产量再创新高。遍布全省的高产示范田、试验田，带动了粮食增产。

老庄稼把式吴焕志说，他们村长期缺水，盐碱地多，自打引来了嫩江水，过去的盐碱地被列入土地整理项目，地还是那块地，可肥沃程度却大不一样了。

在改造过的盐碱地上建高产试验田，加上农技专家的全程跟踪指导，今年徐家村万亩试验田的超级稻获得了丰收。

而在四平市梨树县金山乡，由于高产示范田采用了多项农业新技术，张汉鹏家曾经的低产田今年首次“冒了尖儿”。

一公顷15亩地，能比普通大田增产近万斤，专家说奥秘就是打了“科技组合拳”。以往当地农民种地大多是哪项技术增产、哪个品种增收，就单独使用哪个。今年，在专家的指导下，张汉鹏的高产示范田里，从种到收使用了十几项增产技术。

就连收割，张汉鹏也不同于以往连杆带玉米一起收。他让玉米在地里长着就“扒皮晾晒”再收割，以减轻水分，提高成色。

由于高产示范田就在村里的大田中，张汉鹏的庄稼吸引了不少乡亲来参观。

今年吉林省的400个高产万亩示范片，都选建在大田中或常规地块附近，让农民可以更直观地看到新品种、新技术从春播到秋收的全程应用效果，带动了上百项农业新品种、新技术的普及应用。

【走基层】紧急协调产销对接

我台“走基层”栏目报道了内蒙古马铃薯丰收但销售难的新闻后，引起社会广泛关注。商务部、农业部紧急启动应急机制，协调产销对接。今天第一批采购商已经赶赴包头市达茂旗，现场洽谈采购当地马铃薯。

这里是包头市达茂旗的大旱海村的土豆地，在整个村一共有2000亩土豆地。在现场我们看到，由商务部带领的14家主要商业企业代表正在地里跟农民对接。

目前，商务部、农业部已开通网上马铃薯产销对接平台，引导种植大户提供供应信息，并协调北京、陕西、山东等5省市20多家大型连锁超市和农产品批发市场，紧急赴内蒙古现场采购，而且设立专柜促销。

为促进销售，内蒙古乌兰察布市、包头市已出台针对马铃薯收购客商和经纪人的各项优惠措施。

据统计，今年内蒙古全区马铃薯种植面积1140多万亩，比上年增加100万亩以上，预计鲜薯总产量首次突破1000万吨。

【案例分析】这是2011年10月9日《新闻联播》中播出的两条新闻。阅读《秋收一线》文稿内容我们不难发现，新闻以吉林省采用农业新技术带来粮食丰收为主题，主体部分分别选取了老庄稼把式吴焕志和四平市梨树县金山乡种粮户张汉鹏为典型素材来详细说明新闻主题，两个材料并列组合，相互补充，具体生动地说明了吉林以技术创新带动粮食丰收的情景。

新闻《【走基层】紧急协调产销对接》首先抓住包头市达茂旗的大旱海村这个点，说明了该村马铃薯的滞销解决方法，然后扩展到面，进一步说明了商务部、农业部如何积极采取有效措施，帮助内蒙古解决马铃薯丰收但销售难的问题，由点及面、层次清楚地说明了新闻的主要内容。上述两条新闻都采用了以新闻内容间的内在逻辑关系来安排主体内容的结构，我们把这种结构安排统称为逻辑顺序结构。

（三）倒金字塔结构

案例:《杭州坠楼女孩妞妞: 视力恢复顺利 超出医生预期》

日前从浙医二院传来好消息: 杭州坠楼获救小女孩妞妞的视力正在逐渐恢复正常，康复治疗进展顺利。

一个多月前，两岁半的妞妞不慎从10楼掉下，被路过的吴菊萍伸手抱住而幸运得救。不过妞妞身体多处受伤，视力也受到影响。3个星期前，妞妞转到浙大医学院附属第二医院治疗。目前妞妞的精神状态恢复很好，可爱的笑容、天真的言语，时常让父母和医生捧腹大笑。妞妞的胃口也变大了，一天能吃好几顿。医生告诉记者，现在最主要的是恢复妞妞左侧手脚远端的活动能力。

除了每天规定的手抓弹珠训练外，妞妞爸爸还准备了一套儿童型学习电脑，让妞妞一边发音，一边锻炼手指。医院方面表示，经过3个星期的康复治疗，妞妞的恢复情况超出医生的预想，但以后的康复速度肯定会放慢，他们将为妞妞制定更为有效的治疗方案。

为救妞妞而手臂骨折的吴菊萍，目前受伤手臂仍需固定治疗，还要避免旋转或者提取重物。医生表示再过一段时间，她的手臂有望恢复正常。

【案例分析】妞妞坠楼事件已受到社会的广泛关注。观众最关心的是妞妞伤情的进展情况。作为对该新闻的连续性报道，2011年8月10日《新闻联播》播出的这条新闻没有像前面几个案例那样按照事情的发展顺序来安排文章结构，而是先为观众说明了妞妞目前的恢复进展，进而才对妞妞的恢复治疗方案进行说明，最后将“最美妈妈”吴菊萍的情况加以说明，从而满足观众对新闻事件中另一位主人公近况的了解需求。

这条新闻把观众最关心的内容安排在新闻的最前面，更符合观众希望快速知晓新闻核心内容的收视习惯，能够第一时间满足观众对新闻最大关注点的兴趣。我们将这种先截取最关键内容（塔尖），再补充详细信息（塔座）的结构方式形象地称之为倒金字塔结构。

知识点

新闻主体在整个新闻文稿中的作用是具体阐述新闻事实或新闻事件的来龙去脉，在表明发生了什么的基础上，进一步说明怎么发生的、为什么会发生、造成了什么后果和影响等详细内容。可以说，新闻主体是对标题和导语所涉及的新闻事实的具体阐释和补充。

新闻主体的写作应从传递新闻信息的需要出发，围绕新闻主题，具体阐述或说明新闻的具体事实。从内容上说，要精心选取具体、充实、具有典型意义的材料，用事实说话，减少空泛议论，做到内容精炼；从结构上看，应从电视新闻节目的总体布局和结构出发，综合考虑电视新闻的特点和观众的收视心理，做到结构紧凑，层次分明。

新闻主体写作是多样化的，目前我们常见的主体结构有以下3种类型：

1. 时间顺序结构

时间顺序结构是按照事件发展的先后次序来安排新闻事实，即开始怎样、如何发展、结果怎样。这种结构比较适用于新闻事件的发展有一定过程，并且每个事实和细节都比较重要的报道。

2. 逻辑顺序结构

逻辑顺序结构是围绕新闻主题，根据事物间的内在联系或事实本身的逻辑来安排材料，或先总后分，或有点有面，或反映因果关系，或呈现并列关系。无论按照何种逻辑关系来安排材料，写作中可以列出若干层次，然后对各个层次一一加以阐述。

3. 倒金字塔结构

相比非倒金字塔结构中按照时空顺序或时间叙述的逻辑顺序安排结构，倒金字塔结构的安排需要一定的技巧。倒金字塔结构往往需要先对材料的重要性进行区分，然后按照新闻信息的重要程度进行排列，即把最重要、最新鲜的事实放在最前面，并使用转折、连接等技巧将一些补充性的次要信息安排在其后。这种写法符合观众的视听思维接受顺序。观众既可以首先快速知晓新闻最重要的内容，从而对新闻产生兴趣和了解，又可以进一步了解到次要事实，便于对新闻内容进行深入了解和接收。

四　背景的写作

案例:《全国进一步深化打黑除恶专项斗争电视电话会议在京召开》

中央政法委16日在京召开全国进一步深化打黑除恶专项斗争电视电话会议。会议要求各地要按照“黑恶必除、除恶务尽”的原则，做到对黑恶势力犯罪“零容忍”。严厉打击垄断经营、强揽工程、破坏经济秩序的黑恶势力，严厉打击涉足民生领域、强占各类市场的黑恶势力，严厉打击非法放贷、暴力讨债、“地下出警”等新型黑恶犯罪活动，严厉打击插手选举、欺压百姓的农村黑恶势力。最大限度地压缩黑恶势力的生存空间。

国务委员、中央政法委副书记、中央综治委副主任孟建柱出席会议并作讲话。

据悉，2006年2月中央作出在全国开展打黑除恶专项斗争的重大决策以来，全国公安机关共打掉涉黑组织2131个，铲除恶势力2.4万多个，破获各类刑事案件17万多起，扣押涉黑资产100多亿元；检察机关公诉涉黑案件1779起，人民法院宣判涉黑案件1462起；司法行政机关跨省异地关押黑社会性质组织头目及骨干518名。

【案例分析】这是2011年9月16日《新闻联播》中的一条新闻。这条新闻主要介绍了全国进一步深化打黑除恶专项斗争电视电话会议上形成的相关工作精神。文稿中的最后一段列举了大量具体数据，介绍了2006年2月中央启动打黑除恶专项斗争后此项工作的开展情况和取得的工作成果。看似最后一段与整条会议新闻并无必然联系，甚至省略本段内容，新闻的完整性也不会受到太大的影响，但细细读来，这段内容为电视观众了解我国打黑除恶专项斗争工作的情况提供了详实的数据，也为本条新闻提供了一定的补充性数据材料，从而拓展了新闻信息的广度，并间接地使观众感受到了本次会议召开的重要性。因此，它的存在对新闻主体起到了重要的补充介绍作用。在新闻写作中，我们往往把这种性质的材料称为新闻背景。

案例：《“古格王国都城遗址”文物本体维修过半》

位于西藏阿里的“古格王国都城遗址”有着一千多年的历史，是国家重点文物。去年12月，历史上最大规模的古格王国都城遗址维修保护拉开序幕。目前文物本体维修工程已经过半。

本台记者陈琴：现在我们看到这个遗址的建筑面积，有近20万平方米，从底部到顶部大约有11层，有823个洞窟。在顶上我们还可以看见王室和坛城。一项国家非常重要的文物保护工程正在这里进行。

此次维修工程计划投入5740多万元、用五年的时间对涉及文物本体、山体加固和壁画修复与保护等进行排险维护。全面提升遗址的抗自然灾害能力和文物安全水平。

本着修旧如旧的原则，文物保护人员和当地的藏族群众用当地传统的“打阿嘎土”修复地面、用“边玛草”修葺顶墙。施工人员还对墙体开裂的缝隙，采取“低压灌浆”的方式填补，有点类似于“静脉注射”，这样可以防止周边的壁画开裂。

“古格王国都城遗址”施工负责人熊焕忠：我们从4月份进场到现在，基本上已经完成50%左右。预计在10月底完工。

古格王国始建于10世纪上半叶，历时700年。因为史书记载不详，古城废弃后逐渐被世人遗忘，沉睡在阿里荒野长达300多年。1961年，“古格王国都城遗址”成为第一批全国重点文物保护单位。其独特的壁画艺术、彩绘雕塑、建筑造型等享誉世界，受到中外学者高度关注。上个世纪80年代和90年代，国家先后两次对古格王国都城遗址进行过抢救性保护。

【案例分析】这是2011年8月8日《新闻联播》播出的一条新闻。在这则新闻中，对大多数观众来说古格王国都城遗址是一个陌生的名词，因而，这就会给观众收看新闻带来一定障碍。但我们发现，新闻编者在此新闻稿中巧妙地解决了这一问题。编者在新闻稿的最后一段从其建造历史、文化价值等角度解释说明了古格王国都城遗址的相关知识。这一资料的加入，使得观众对古格王国都城遗址的宝贵价值有了一定了解，也对针对这一文物开展保护性维修工作的意义有了更深刻的认识，从而增强了本条新闻的价值。此种新闻背景的类型被称为说明性背景。

案例:《甘肃舟曲：正在崛起的“藏乡江南”》

去年的8月8日，甘肃舟曲发生特大山洪泥石流灾害，数万人痛失家园。一年后，舟曲妥善安置受灾群众，科学规划建设新区，一个新舟曲正在崛起。

去年的8月8日凌晨，山洪泥石流从三眼峪，罗家峪奔流而下，美丽的“藏乡江南”舟曲顷刻间满目疮痍。在重建过程中，灾害治理和预防成为建设重点。

镜头右侧就是去年被泥石流重创的三眼峪和罗家峪，其中右上角方向的三眼峪，损失尤为惨重。一年后，这里已经恢复平静，明显的变化就是建起了国内目前规模最大的排导渠。其实光有这么一条渠是挡不住泥石流的，在它的上游工程队会建造15座大坝。

三眼峪泥石流灾害治理工程项目负责人张恒堂：这个泥石流我通过山里15座坝，把这个大的物料拦住了，剩下的细料的东西我们通过排导渠排下去。

目前，三眼峪和罗家峪两条总长4.7公里的排导渠主体工程已完工，白龙江城区新的防洪堤坝已全部建成。此外，重建中的居民住房、教育、卫生等民生项目也正在紧张建设。按照规划，4000多户、近5万居民将分别安置在老城区、峰迭新区和兰州新区三个区域。

本台记者张英：这里就是舟曲灾后重建兰州新区转移安置点，在这片600亩的土地上，除了有能够安置1150户居民的住宅区之外，身后正在建设的是可以容纳3500名学生的寄宿高中。

在特大山洪泥石流灾害中，舟曲共有1500多人遇难，在重建家园的道路上，多种形式的心理援助帮助舟曲人找回生活的信心。而灾后再生育计划也让不少痛失子女的家庭重新传来孩子的笑声。

目前，舟曲170个项目已有137个开工建设，已经完成投资13.4亿元，占规划投资的26.7%；明年年底前，舟曲将全面完成城乡住房、公共服务和基础设施等各项重建任务，使灾区基本生产生活条件和经济社会发展全面恢复并超过灾前水平。

【案例分析】这是2011年8月8日《新闻联播》播出的另一条新闻，主要内容是介绍甘肃舟曲地区历经一年的灾后重建后取得的巨大成绩。我们发现，文中画线部分是几段关于灾害发生时的场景描述，并在电视画面中进行了播出。我们细细品味这些内容在整条新闻中的作用，感觉它仿佛把观众又带回了一年前灾害发生的场景。而当我们把它和灾后重建的新舟曲相比较时，我们更加深刻地感受到了舟曲地区的巨大变化，对舟曲一年的建设成就有了更为深刻的认识。

这些画线文字及辅助画面作为穿插于新闻中的背景性内容，对整条新闻起到了很好的烘托性作用。此种类型的新闻背景被称为烘托型背景。

案例:《“埃塔”宣布永久放弃武装斗争》

西班牙巴斯克地方分离组织“埃塔”20号以书面和录像方式宣布将永久放弃武装斗争，同时要求西班牙和法国政府尽快与其开始直接对话。

西班牙首相萨帕特罗随后表示，西班牙将享有远离恐怖主义的民主社会，但是西班牙绝不会忘记曾经的受害者。

“埃塔”此前曾多次宣布停火，但又数次食言。

【案例分析】这是2011年10月21日《新闻联播》国际联播快讯中的一则消息。新闻最后一段用一句话补充介绍了西班牙巴斯克地方分离组织“‘埃塔’此前曾多次宣布停火，但又数次食言”这一情况。虽然只有短短的一句话，但记者借助这一背景信息向观众传递了对“埃塔”永久放弃武装斗争这一决定的质疑，披露了“埃塔”不可能真正停火这一潜在信息，为观众分析判断这一新闻事件提供了一定的依据。这也是新闻背景的一种类型，依据其在新闻中的作用，我们一般称之为揭示性背景。

知识点

新闻背景是在新闻事实之外，用以对新闻事实或新闻事实的某个部分进行必要的解释、说明、补充、烘托的材料。和新闻结尾一样，它也不是新闻中必备的结构要素。但由于新闻报道，尤其是电视新闻报道往往有一定的时间限制，多数新闻无法对新闻事实进行完整叙述，往往是选取事实或事件中最具有新闻价值、最能引起观众注意的部分切入。如果能够在电视新闻中适当加入一些新闻背景的介绍，新闻事实（事件）的特点、价值、意义会更为鲜明地表达出来，从而使观众对新闻获得更为深入、透彻的认识。从写作方法上来看，新闻背景在整个新闻中的位置十分灵活，导语、主体、结尾等任何地方都可以放置背景资料。目前常见的新闻背景类型有如下几种：

1. 说明性背景

这种新闻背景的作用在于对新闻事实（事件）加以必要的说明和解释，从而排除观众阅读和收看新闻时的障碍。它可以说明新闻事实（事件）的由来或交代人物的以往经历，也可以是解释说明与新闻事实（事件）相关联的名词术语，或从历史、文化、经济等角度对新闻事实（事件）加以解说或进行补充。

2. 烘托性背景

这种新闻背景往往选取一些能够与新闻事实（事件）形成对比关系的材料，从不同侧面对新闻事实（事件）加以对比、衬托，突出事物的发展、变化或新特点，从而彰显新闻事实（事件）的新闻性，引起受众的兴趣。这种新闻背景常使用过去的地理环境、历史状况、物质条件、思想程度等来衬托现实，多用来反映事实变迁、工作进展或工作成就等。

3. 揭示性背景

这种背景的作用主要体现在两个方面：一方面，用来揭示新闻的价值和意义，从而使观众清楚为什么我要知道这则新闻，这则新闻背后的深层意义何在；另一方面，我们还可以通过披露新闻事实（事件）背后的有关情况，来为观众的理性判断提供某些依据，从而表明一定的观点或倾向。

五　结尾的写作

案例:《秋收一线·粮增 价稳 人心定》

秋收一线·粮增 价稳 人心定

（主持人）眼下，全国秋粮已经大面积开镰，粮食总产有望连续八年增加，这不仅对稳物价，定人心，稳定国内经济社会发展起到了有力支撑，也对世界粮食安全作出了重要贡献。

（本台记者 施韶宇）：这里是国务院新闻办公室，今天，农业部有关负责人在这里介绍了当前我国农业农村经济形势特别是粮食生产的有关情况。

（画外音）农业部副部长陈晓华介绍说，目前全国秋粮收获已近三成，超过3.2亿亩，粮食总产有望实现连续八年增产。今年三季粮食夏粮、早稻、秋粮实现了季季增产，在区域上，除了西南地区以外，其他地区都实现增产，其中，东北主产区增产最多，占到了全国增产的七成以上。

（字幕标题）种粮有效益 粮农得实惠

（画外音）粮食丰收，种粮大户最实惠。湖南种粮大户文明的2000亩水稻还没收完，他就急着给记者算起了增收账。尽管化肥、农药、柴油等成本在增加，每亩地投入的成本涨了200块钱，不过随着科技增产、粮价提高，再加上国家给的农资综合直补，今年秋收的水稻每亩能赚520多块钱，比2003年提高了300多块钱，早就追上了上涨的成本。

（湖南省醴陵市种粮大户 文明）：打算增加到万把亩。这两年国家政策好，惠农政策让我们尝到了甜头，赚到了钱。

（字幕标题）有望八连增 粮价将趋稳

（画外音）农民种粮得实惠，紧盯粮食价格走势的刘正敏心里也很踏实。长期研究粮食问题的她告诉记者，今年全国粮食总产有望八连增，市场供应充足，将会使今后一段时间的粮食价格总体趋于稳定，进而会为稳定物价总水平增加砝码。

（郑州国家粮食交易中心首席分析师 刘正敏）：粮价的稳定，对于目前国内高位运行的肉蛋奶以及相关食品的价格，将会起到有效的抑制作用。

（字幕标题）中国粮食八连增 贡献世界粮食安全

（画外音）在泰国参加国际会议的联合国粮农组织官员米西卡，对中国粮食总产有望八连增，给予了高度评价。

（联合国粮农组织驻华代表处代表 伯西·米西卡）：中国利用占有世界10%的耕地，占有世界不到7%有用的水，养活了世界上21%的人口。这不仅(解决了)自我供给，而且对世界粮食安全作出了努力。

（画外音）得益于国家强农惠农政策的累加效应和科技增产的不断提升，我国粮食总产在2007年突破1万亿斤后，仍持续增加，2010年达到10928亿斤，今年还将有望再创新高，登上11000亿斤的新台阶。

【案例分析】这是2011年9月29日《新闻联播》中的一组关于我国秋粮收获

情况的新闻。新闻以“秋收一线·粮增 价稳 人心定”为总题目，分别涉及到“种粮有效益 粮农得实惠”、“有望八连增 粮价将趋稳”、“中国粮食八连增 贡献世界粮食安全”三条新闻。整组新闻首先在导语部分概括介绍了当年秋粮增产，对稳定物价，稳定人心，保障经济社会发展，促进世界粮食安全产生积极意义。紧接着在三条新闻正文中引入了对农业部副部长陈晓华、湖南种粮大户文明、郑州国家粮食交易中心首席分析师刘正敏、联合国粮农组织驻华代表处代表伯西•米西卡等人的采访画面和采访录音，从各个层面对我国秋粮收获情况进行了具体介绍。结尾部分“得益于国家强农惠农政策的累加效应和科技增产的不断提升，我国粮食总产在2007年突破1万亿斤后，仍持续增加，2010年达到10928亿斤，今年还将有望再创新高，登上11000亿斤的新台阶”再一次概括说明了我国秋粮喜获大丰收的新闻事实，从而进一步对整个新闻内容进行了总结概括。

案例:《【走基层·第一手调查】北京儿童医院：一分满意须十分努力》结尾

我上学的时候，念外科学，(教科书)上面写着，大标题写着，“先交朋友，后做手术”。医生的人生观是服务的人生观，是奉献的人生观。你要做一个医生，踏踏实实的医生，你必须有这个修养。否则的话，你这一辈子，就净剩下烦恼了。

【案例分析】这则2011年10月14日《新闻联播》播出的新闻报道了北京儿童医院日日病患爆满，医生护士工作量繁重，但却都处处为病患着想，全心全意为患者服务的优秀事迹。新闻以中国工程院院士张金哲的一段话结尾，张院士话语中的“先交朋友，后做手术”、“医生的人生观是服务的人生观，是奉献的人生观”恰当地总结提炼出了新闻主旨，使新闻的主题得以明确和升华。

一般来说，新闻往往借助主体部分广泛而典型的材料来完成深化主题的重任，本则新闻结尾处的精心设计反映出结尾同样能够担负这一重任。

案例:《【秋收一线】我国最大黄金玉米带获得丰收》结尾

今年吉林投入粮食生产资金151.1亿元，比去年增加21.1亿元。好政策带来大丰收，今年吉林玉米产量预计达到530亿斤，比去年增产100多亿斤。黄金玉米带丰收不仅让农民增产增收，还为稳定世界粮食价格多了一个筹码。

【案例分析】这是2011年9月21日《新闻联播》中播出的一条新闻，该新闻在主体部分借助对农民的采访和相关数据对黄金玉米带丰收情况进行了介绍。结尾处对黄金玉米带丰收的评价性话语，不仅让我们知道了它给我国农民带来的收益，更将意义升华到世界的高度，进一步点明和提升了该新闻的价值，也能进一步引起观众对该新闻的重视。

案例:《8月份居民消费价格增幅出现回落》结尾

周望军表示，未来食品的价格会出现一个稳中有落的波动趋势，但是下半年后几个月物价仍将维持高位运行。

【案例分析】这是2011年9月9日《新闻联播》中的一则新闻，其结尾处引用了国家发改委价格司副司长周望军的分析预测，以专家预测表明了居民消费价格问题的发展趋势，从而起到了指明前景的作用，也为本新闻提供了更多的附加信息。

知识点

统观各种电视新闻，结尾的形式可谓多种多样，写作中究竟采用何种结尾并无统一的规定，其出发点在于新闻内容的要求和电视节目的需要。常见的新闻结尾方法如下：

1. 概括全文

总结、概括前文的中心思想是结尾最常见的写作方式。在电视新闻的写作中，此结尾方式可以对全文内容或中心思想进行概括、归纳，从而呼应新闻开头，点明新闻主要内容和主要观点。这种写作方法应注意做到语言简洁凝练、照应全文。

2. 深化主题

深化主题的结尾有多种表达形式，如叙述、议论、对比、比喻、设问、引语等，其目的在于进一步点明新闻主旨，为新闻主题服务。使用此结尾形式时我们需要注意切忌随意拔高，强扭角度，给新闻带上一条华而不实的尾巴。另外，一定要注意与新闻主体的协调，同时兼顾与电视画面配合，以求话中画、画中话的效果。

3. 阐明意义

在结尾处安排一些说明性、议论性的话语，对新闻价值作必要的阐释，使观众更为深入地理解新闻事件的意义，从而点明和提升新闻价值。

4. 指明前景

结尾简要作出预测或提出愿望，指出下一步会怎样，或将要发生什么，希望有什么样的发展趋势等，经常引用一些权威人士或专家的话，或是使用展望式、预言式、呼吁式、号召式的语句。值得注意的是，真实性是新闻写作的永恒原则，而指明前景的新闻结尾往往表述的是预测性的内容，内容的真实性仍有待于在未来发展中进行验证。因此，我们在使用这种结尾时必须要慎重用词，切忌空泛之言，尽量以写实为主，或采用专业人士的权威分析，或援引确凿数据和背景资料来支撑预测，或干脆以自然收尾为妙。

单项训练

根据下列材料，撰写一篇关于“天宫一号”目标飞行器发射成功的新闻，要求新闻中应包含恰当的背景材料，并有独立的新闻结尾。

1.“天宫一号”目标飞行器，全长10.4米，最大直径3.35米，由实验舱和资源舱构成。实验舱可满足3名航天员在舱内工作和生活需要，其前端安装有被动式对接机构，可与飞船实现对接。

2. 9月28日上午8时16分，参加“天宫一号”飞行任务的航天员、空间应用、运载火箭、发射场、测控通信、空间实验室等各大系统完全按照发射实战要求进行指挥协同，各相关测控站、远望三号测量船也参加了全区合练，各项程序按计划完成，标志着参试各系统准备就绪，技术状态冻结，待命执行发射。下午13时，发射场工作人员为搭载“天宫一号”目标飞行器的长征二F运载火箭进行了推进剂加注。完成发射直接准备的最后一项工作，之后，任务将进入发射程序。

3. 温家宝等领导同志29日晚抵达酒泉卫星发射中心。在发射中心，温家宝等领导同志召开会议，有关方面汇报了“天宫一号”飞行任务准备情况。温家宝充分肯定各参研参试部门、单位和全体参研参试人员所做的工作。温家宝指出，突破和掌握空间交会对接技术，是实现载人航天“三步走”战略目标的重要步骤。“天宫一号”飞行任务是整个交会对接的基础。希望同志们精益求精地做好各项工作，圆满完成“天宫一号”发射任务，并做好在轨测试和管理工作，打赢交会对接的关键之战。

4. 2011年9月29日21时许，胡锦涛等领导同志来到北京航天飞行控制中心，仔细观看了“天宫一号”目标飞行器和“长征二号”FT1运载火箭模型，认真听取我国载人航天工程首次空间交会对接任务情况介绍。任务总指挥部负责人向领导同志报告，这次发射“天宫一号”目标飞行器，主要目的是与后续发射的神舟飞船开展交会对接试验，并初步建立载人空间试验平台，为下一步研制建设载人空间站积累经验。胡锦涛等领导同志对我国载人航天事业取得的重大成就给予高度评价。

5. 21时10分许，胡锦涛等领导同志在飞控大厅，通过中心指挥显示系统观看发射实况。与此同时，温家宝等领导同志来到酒泉卫星发射中心的试验指挥楼平台，现场观看发射。

6. 21时16分03秒，随着一声“点火”的口令，承载着“天宫一号”目标飞行器的火箭在巨大轰鸣声中冲天而起，疾速飞向高空，在夜幕中划出一道耀眼的轨迹。经过约10分钟的飞行，21时25分45秒，“天宫一号”目标飞行器准确进入预定轨道。

7. 21时38分，载人航天工程总指挥常万全宣布：“天宫一号”目标飞行器发射圆满成功。胡锦涛等领导同志同现场工作人员热情握手，向他们表示祝贺和慰问。胡锦涛总书记特别叮嘱大家，一定要大力发扬载人航天精神，更加精心细致地做好各项工作，确保我国首次空间交会对接任务圆满成功。在酒泉卫星发射中心指挥控制大厅，温家宝等领导同志向现场参试人员祝贺发射成功。

8. 本次发射过程中，胡锦涛、吴邦国、贾庆林、李长春、习近平、李克强、周永康等在北京航天飞行控制中心观看发射实况，在北京航天飞行控制中心观看发射实况的领导同志还有：刘云山、刘延东、李源潮、徐才厚、令计划、梁光烈、孟建柱，以及中央军委委员陈炳德、李继耐、廖锡龙、靖志远、吴胜利等。

9. 温家宝、贺国强等前往酒泉卫星发射中心现场观看发射。在酒泉卫星发射中心现场观看发射的领导同志还有：张德江、郭伯雄、马凯、万钢等。

第三节　新闻提要、串联词、结束语的写作

观看中央电视台《新闻联播》《晚间新闻》《新闻30分》等节目，看一看除了上一节提到的新闻标题、新闻导语、新闻主体、新闻背景、新闻结尾外，节目中还出现了哪些需要写作的内容？

图5-14 《新闻联播》节目开头画面

在当日《新闻联播》节目开头和结尾处我们分别能看到并听到主持人的以下播报：

节目开头：

男：观众朋友晚上好。

女：晚上好。

男：今天是2011年11月3日星期四，农历十月初八，欢迎收看新闻联播节目。

女：首先向您介绍这次节目的主要内容。

男：胡锦涛、吴邦国、温家宝、李长春、习近平、李克强、贺国强、周永康等在北京航天飞行控制中心观看交会对接实况。

女：胡锦涛结束对奥地利的友好访问，抵达戛纳出席二十国领导人第六次分会。

……

节目结尾：

男：各位观众，今天的新闻联播节目播送完了。

女：感谢您的收看，再见。

男：再见。

再来看当日的《朝闻天下》节目，其中有一组关于“天宫一号”和“神舟八号”成功对接的新闻，我们可以从中看到并听到主持人在新闻之间的如下播报：

图5-15 《朝闻天下》播报“天宫一号”和“神舟八号”成功对接

主持人：继续来关注“天宫”和“神八”的交会对接。

图5-16　画面显示成功对接后工作人员高兴的场面

主持人：交会对接圆满成功后的北京变成了欢乐的海洋，平时严谨沉稳的航天人像孩子一样开心，拥抱、合影、欢呼，他们用自己的方式表达着内心的喜悦。

我们发现，在上述两个新闻节目中有这样一些内容是在上一节中没有出现过的：在节目开头或新闻开头有主持人出镜对新闻节目的主要内容进行简要介绍；在节目结尾又有主持人出现在画面上，礼貌性地告知我们节目播送完毕，并感谢观众收看节目；在各条新闻之间，主持人会出镜说一些串联过渡性的话语，使得前后新闻被自然地连贯起来，使观众也能够跟随这些过渡性话语自然地转换到对下一条新闻的了解和关注。由此我们应该想到，要保证节目的完整性，提高整体节目质量，上述这些内容的写作也应讲究一定的方法技巧。

在电视新闻稿写作中，我们将上述内容分别称为新闻提要、串联词、结束语。本节我们将借助相关新闻案例对其写作技巧一一进行介绍。

一　新闻提要的写法

案例：2011年11月10日《新闻联播》节目开头的新闻提要

男：观众朋友晚上好。

女：晚上好。

男：今天是2011年11月10日星期四，农历十月十五，欢迎收看新闻联播节目。

女：首先向您介绍这次节目的主要内容。

男：胡锦涛离京出席亚太经合组织第十九次领导人非正式会议。

女：温家宝会见国际货币基金组织总裁拉加德。

男：李长春观看朝鲜歌剧《梁祝》。

女:习近平会见国际货币基金组织总裁拉加德。

男：李克强在国务院发展研究中心调研时强调：凝聚各方智慧，实施好“十二五”计划。

女：贺国强深入在京部分高校，就推进高校改革发展和反腐倡廉建设问题进行调研。

男：国务院批准实施河北沿海地区发展规划。

女：今年前十月我国外贸进出口总值比去年同期增24.3%，超去年全年水平。

男：意大利国债收益率突破7%警戒线，债务违约风险急剧上升，全球金融市场大幅下挫。

女：以下是详细报道。

【案例分析】《新闻联播》的开头首先是两位播音员出现在画面中央位置，以口头播报的方式向观众介绍了本次节目的主要内容。在播报的过程中，两位播音员每人播报一条新闻，轮流播报。再来对比一下节目中的全部新闻内容，这次节目共包含28条新闻，但两位播音员没有把这28条新闻在节目之初都预告出来，而只是选取了9条要点新闻进行播报，借此告知观众今天的节目中会有哪些主要新闻。从播报内容的篇幅长短来看，播报的9条新闻没有长篇大论地详细介绍新闻信息，大多都是只播报一下新闻标题。因此，整个预告部分基本上是把主要新闻的标题一条一条地编排在一起，内容非常简洁。虽然有几条新闻的播报对标题有所展开，如新闻“李克强在国务院发展研究中心调研”，播报的是“李克强在国务院发展研究中心调研时强调：凝聚各方智慧，实施好‘十二五’计划”，也只是在预告李克强开展调研工作这一新闻事件的基础上，进一步使用简略凝练的两个小短句概括提示了李克强调研时提出的工作方向。上述播报的内容即本次节目的新闻提要，其在内容选取、内容组织及播报方式上的特点反映出了联播性新闻节目新闻提要的基本特征。

案例：2011年11月10日《晚间新闻》节目开头的新闻提要

在这次新闻节目的开头首先随电视画面播报了以下4条内容：

图5-17 意违约风险撼动全球

图5-18 1000万套保障房全部开工

文字稿

1. 违约风险急剧上升，意债危机突然引爆。全球股市震颤，各方紧急介入，稳定市场能否见效？

2. 10月底超1000万套，保障房开工任务完成，新规划在即，明年开工量到底是减还是增？

图5-19 音乐人苏越被判刑

图5-20 科考队大漠追踪“野骆驼”

3. 一曲《黄土高坡》曾风靡全国，一次弥天大谎又锒铛入狱，音乐人苏越今天被判无期。

4. 上个世纪还有上万头，到如今不足一千只。茫茫大漠寻踪，珍稀野骆驼何处才是栖息地。

【案例分析】此节目内容的预告借助了形象生动的新闻画面，让我们对新闻的预先了解更立体化。从新闻内容的文字表述来看，它有别于《新闻联播》。具体来讲，第一条新闻“意大利债务违约风险撼动全球”在当日《新闻联播》的开头也由播音员口头播报了如下内容：“意大利国债收益率突破7%警戒线，债务违约风险急剧上升，全球金融市场大幅下挫”，以陈述性的语气概括了这条新闻的核心信息，使我们对新闻信息有了大致了解。而《晚间新闻》的开头则运用了对偶的修辞手法，使得新闻信息的传递要比《新闻联播》中的播报更形象，读起来也更朗朗上口，尤其是在结尾处还给观众提出了疑问“稳定市场能否见效”，进一步起到了引发观众思考的作用。比较而言，后者这种内容介绍更生动，表达效果也更强烈。节目中关于苏越被宣判的新闻则又有另一番创新，把苏越因创作而闻名全国的过去和因过失而入狱的今天放置在一起进行对比。在强烈的对比冲突中，进一步突出了这条新闻的关注价值，更好地吸引了观众的眼球，更加激发观众对新闻的了解兴趣，从而使开头的新闻介绍起到了更好的导视作用。

知识点

新闻提要是新闻节目的“眼睛”，也是电视新闻写作中的一个重要内容。一般来讲，新闻提要位于新闻节目的开头，它通过提炼新闻要点来对新闻节目的主要内容、重要新闻信息进行预告性提示，其作用在于使观众对新闻节目形成总体了解，调动观众的收视兴趣。

新闻提要写作的基本要求是概括、准确、简练、生动，同时要综合运用声音与画面的编播技巧，播送新闻的核心信息和典型画面。从写作技巧来看，目前常见的新闻提要写作方法有：

☞ 概括式

抓住新闻的主要事实，使用新闻标题或简练的语言将新闻的核心内容概括出来，作为对新闻内容的概要介绍。这类新闻提要一般不追求文字表述的形象性、生动性，而是将简洁、明了作为衡量其质量的重要依据，并以此形成新闻节目的严肃性。从形式上来讲，此类新闻提要常见的形式是由主持人出现在画面上，或两人轮流播报，或由一人播报。

☞ 悬念式

在新闻提要中设置问题或悬念，引发观众对新闻的兴趣，从而吸引观众对新闻的关注。

☞对比式

将相互对立的事物或同一事物的前后状况、异同点等编排在一起，产生强烈的矛盾冲突，从而使新闻提要达到强烈的视听效应，引起观众的共鸣。

☞评价式

在概述新闻事实的同时，对新闻事实进行简要评论，扼要指明新闻中包含的思想意义，引发观众的思考，吸引观众关注后续的详细报道。

☞集纳式

将新闻节目中相关或相近的新闻综合在一起进行综合性的要点预告，不再对新闻进行一一介绍。这既起到导视的作用，又使整个节目的新闻提要简洁而凝练。

☞引语式

引用新闻中相关人员具有权威性、代表性、影响力的话语作为新闻提要，从而揭示新闻的主要内容和核心思想。

二　串联词的写法

案例：2011年11月28日《晚间新闻》节目中的串联词

在11月28日的《晚间新闻》节目中，率先由主持人出镜并播报：

“全天大事，今晚关注，欢迎走进综合频道正在直播的晚间新闻，首先来看时政要闻。”

【案例分析】由这样短短的一句话，主持人将观众引入了本次节目，并使节目进入了第一个板块“时政要闻”的播报。

接下来主持人连续播报了一组国内外时政新闻。在播送完新闻“北约声明：调查空袭巴检查站事件”后，主持人又播报：

进入今晚关注。历时8天的2011广州车展今天落幕，作为每年车展的收官之作，广州车展通常是被看作本年车市的缩影以及来年市场的风向标，那么今天透过记者的观察，我们来看一下广州车展显露了市场的哪些方向。

【案例分析】借助“进入今晚关注”短短几个字，主持人将新闻内容引到了“今晚关注”这一板块，并进入了下一条新闻“送保险 送优惠 汽车厂商促销忙”的导语播报，使节目内容自然地由上一条新闻转入了下一条新闻。

在播送完上述新闻后，节目中又播报了另一条与车展相关的新闻“国内市场 中高档车销量强势增长”，在这条新闻开头又听到了主持人如下播报：

图5-21　逛车展 观车市·中国人眼光高了？

片子当中亚运村的那位经销商在感慨今年的车子不好卖了，但这句话并不适合所有的汽车厂商，事实上，有些车仍然赚了个盆满钵满。

【案例分析】这条新闻之前的一条新闻主要播送了车展中反映出的现象：汽车销售量明显下降；车展的功能在从展示新车向买车转变；购车优惠政策取消，经销商压力增大；众商家纷纷打出优惠、赠配套服务等促销手段推动汽车销售。而这条新闻则主要介绍了在汽车销售不景气的状况下，中高档汽车却呈现了不断增长的销售趋势。在将这两条相关的新闻连接起来时，主持人的串联词抓住了两者之间鲜明的对比，在表述中既借用第一条新闻中经销商的感受来总结上一条新闻，又话锋一转，指出并非所有情况都如此，从而引出了下一条新闻。串联词承上启下的作用一览无余。

接下来，节目中又承接本条新闻最后提及的国外厂商重新布局扩容销售网络的现象，为观众介绍了国产自主品牌汽车的发展情况，出现了题为“自主品牌汽车纷纷推出新技术”的第三条相关新闻。为了使这条新闻与前两条新闻有机联系起来，主持人使用了这样的表述：

图5-22　自主品牌能否突围?

可以看到跨国公司强劲的势头以及新生的合资自主品牌都对自主车型带来了巨大的压力。不过记者也观察到，国产自主品牌也已经开始通过细分产品，引进节能技术，力求突出重围。

【案例分析】这一表述紧紧承接上一条新闻提及的中高档汽车销售走旺，国外厂商拓宽市场的现象，并引导观众去思考这一现象对国产自主品牌车型带来的影响，很自然地将话题从上述内容转向了国产自主品牌汽车的发展，从而使下一条关于国产自主品牌汽车不断适应市场需求、调整销售战略、开展技术创新的新闻自然而然地成为接下来播送的内容。

从上述新闻案例中我们能够明显感到，不管是新闻中各内容板块之间的过渡，还是上下几条新闻之间的自然衔接，都需要一些串联性的语句来使之连贯起来。因此，这些内容的写作也成为进一步提升新闻节目效果的必然要求。

知识点

串联词是电视新闻写作中常见的内容，其作用在于承上启下、衔接内容、弥补空白、引导内容转换，使新闻在电视画面和语言表达上呈现自然、流畅的过渡，以保证新闻在电视画面和语言表达上的连贯性。串联词写作的基本要求是言简意赅、自然流畅，避免内容重复。我们常见的串联词写作方法有以下几种：

☞并列法

内容相关或具有共同特点的新闻编辑在一起时，应积极寻找各条新闻之间的共性，并将其共性作为编写串联词的主要内容，从而使两条新闻自然地连接起来。在这种串联词的写作中，经常使用"除了……，还……"、"……也……"、"……和……一样"等关联词。

☞递进法

当两条新闻有相同或相近主题时，可以通过挖掘上下两条新闻之间递进的逻辑关系来撰写串联词，从而在完成上一条新闻的播报后，引出下一条新闻的内容。有时上下两条新闻之间的逻辑关系并不清晰，需要用串联词将其连接起来，也可以采用层层传导、逐步推进的方式来撰写串联词。

☞转折法

抓住上下两条新闻内容之间存在的转折关系撰写串联词，从而使前后两条新闻既被自然地连接起来，又在前后对比和内容转折中将后一条新闻凸显出来。

☞补充法

这一方法尤其适用于画面无法完整表述新闻内容或节目合成中出现画面缺失。可由主持人出镜串联过渡，或补充介绍上一条新闻内容，或提示下一条新闻内容，从而保证节目的流畅性。

☞顶针法

抓住上一条新闻的尾句或关键词，以此为连接点引出下一条新闻的标题或导语，从而将两条新闻自然地连接起来。

☞点评法

对上一条新闻进行简短点评，可以是严肃的评论，也可以是谈感受，亦可是诙谐幽默的调侃，从而在节目中形成简短的停顿，然后以"来看下一条新闻"等语句引出后续内容。这种串联词经常用于节目时间较长、内容较多或节目前后内容变化较大时，利用串联词承上启下的作用，使新闻的层次得以清晰地体现，使观众及时回顾较长的新闻内容，避免观众理解上出现混乱。

☞标题法

很多新闻节目内部有板块划分，如时政要闻、短讯、国内快讯、热点关注等，串联词可使用这些板块标题，通过预告板块标题的方式引出后续的新闻内容。如“新闻30分直播继续，下面来看一组简消息”、“ 进入今晚关注，......”。

三　结束语的写法

结束语是电视新闻结尾处用以礼貌地告知观众节目播送完毕的简短话语。虽然它的写作较为简单，但对一个电视新闻节目而言，它依然是节目不可缺少的组成部分。简洁、利落是写好结束语的基本要求。结束语的形式较为固定，常见的有如下表述：

1. 本次节目播送完毕，谢谢收看。

2. 各位观众，今天的新闻联播节目播送完了，感谢您的收看，再见。

3. 感谢您收看今天的晚间新闻，明晚我们再见。

4. 以上是本次节目的全部内容，下次节目再见。

5. 周五早上的朝闻天下就是这样，感谢收看，稍后请关注新闻直播间。

6. 欢迎继续收看本台的其他节目。

7. 下周（明天）同一时间，再见。／欢迎您下周（明天）同一时间继续收看我们的节目。

随着节目形式的不断革新和节目内容的不断丰富，结束语也呈现了一定的创新，增加了一些预告后续节目、提供节目联系信息、设置思考话题引发观众持续关注节目的内容，为结束语的写作提供了新的思路。

单项训练

以下是2011年12月28日《新闻联播》节目中的新闻内容（节选），请你为这次节目拟写新闻提要和结束语，并根据新闻内容之间的联系为主持人撰写串联词。

新闻播报内容:

1. 国务院总理温家宝、中央军事委员会主席胡锦涛日前签署命令，给在执行任务中作出重大贡献的武警8674部队记一等功。

2. 国务院总理温家宝28日主持召开国务院常务会议，听取“7·23”甬温线特别重大铁路交通事故调查情况汇报。

会议指出，“7·23”甬温线特别重大铁路交通事故发生后，国务院随即成立了事故调查组，此后又根据工作需要对事故调查组进行了充实加强，调整了人员结构，完善了调查制度。国务院对事故调查工作提出明确要求：不仅要查清直接原因，还要追根溯源，查清设计、制造、管理等方面的源头性问题，给人民群众一个真诚、负责任的交代。

调整充实后的国务院事故调查组由有关部门单位和地方的负责人组成，聘请了铁路运输、电力、电气、自动化、通信、信号、安全管理、建筑等领域专家，邀请了最高人民检察院派员参加。几个月来，调查组按照科学严谨、依法依规和实事求是的原则，认真开展现场勘查、检验测试、技术鉴定、调查取证、综合分析和专家论证，查明了事故发生的经过、原因、应急处置、人员伤亡和直接经济损失情况，认定了事故性质和责任。

经调查认定，“7·23”甬温线特别重大铁路交通事故是一起因列控中心设备存在严重设计缺陷、上道使用审查把关不严、雷击导致设备故障后应急处置不力等因素造成的责任事故。事故发生的原因是：通信信号集团公司所属通信信号研究设计院在LKD2-T1型列控中心设备研发中管理混乱，通信信号集团公司作为甬温线通信信号集成总承包商履行职责不力，致使为甬温线温州南站提供的设备存在严重设计缺陷和重大安全隐患。铁道部在LKD2-T1型列控中心设备招投标、技术审查、上道使用等方面违规操作、把关不严，致使其上道使用。雷击导致列控中心设备和轨道电路发生故障，错误地控制信号显示，使行车处于不安全状态。上海铁路局相关作业人员安全意识不强，在设备故障发生后，未认真正确地履行职责，故障处置工作不得力，未能起到可能避免事故发生或减轻事故损失的作用。

在事故抢险救援过程中，铁道部和上海铁路局存在处置不当、信息发布不及时、对社会关切回应不准确等问题，在社会上造成不良影响。

会议同意事故调查组给予铁道部、通信信号集团公司、通信信号研究设计院、上海铁路局等单位54名责任人员党纪政纪处分的处理意见。其中，铁道部原部长刘志军、原副总工程师兼运输局局长张曙光对事故发生负有主要领导责任，因涉嫌严重违纪违法问题，另案一并处理；通信信号集团公司总经理、通信信号股份有限公司董事长马骋对事故发生负有主要领导责任，鉴于已因病去世，不再追究责任。铁道部副部长陆东福对事故发生负有重要领导责任，给予记过处分；给予铁道部总工程师何华武记过处分；给予铁道部运输局原副局长兼客运专线技术部主任、现任科技司司长、党总支书记季学胜撤职、撤销党内职务处分；给予铁道部运输局原副局长兼基础部主任、现任广州铁路集团公司董事长、党委书记徐啸明撤职、撤销党内职务处分；给予铁道部科技司原司长、现任安全总监兼副总工程师耿志修降级、党内严重警告处分；给予通信信号集团公司副总经理、党委常委缪伟忠撤职、撤销党内职务处分；给予通信信号研究设计院董事长、党委副书记张海丰撤职、撤销党内职务处分；给予上海铁路局原局长、党委副书记龙京撤职、撤销党内职务处分；给予上海铁路局原党委书记李嘉撤销党内职务处分。对其他责任人员，根据其应承担的责任给予相应党纪政纪处分。

对于相关责任人员是否涉嫌犯罪问题，司法机关正在依法独立开展调查。

会议决定，责成铁道部和铁道部部长盛光祖分别向国务院做出深刻检查。

会议决定，责成国务院国资委对通信信号集团公司、通信信号股份有限公司及下属通信信号研究设计院依法进行整顿，重新组建通信信号研究设计院列控所。

会议要求，铁道部、相关铁路运输企业和设备研发生产企业要深刻吸取事故教训，按照调查组针对事故暴露问题提出的整改意见，结合前一段铁路安全大检查的情况，进一步做好整改工作，切实加强安全质量管理，全面提高铁路特别是高速铁路建设、运营安全管理水平。

3. 国务院总理温家宝28日主持召开国务院常务会议，听取高速铁路及其在建项目安全大检查情况汇报。

会议指出，“7·23”甬温线特别重大铁路交通事故发生后，国务院组织开展了高速铁路及其在建项目安全大检查。由相关部委、高校、科研院所、咨询机构的业务骨干和技术专家组成的12个检查组，检查了10个铁路局内已开通运营的全部高铁线路和29个在建高铁项目以及相关设备生产厂家。与此同时，铁道部组织开展了全路安全大检查。

检查组采取听汇报、查资料以及明察与暗访、抽查与普查、动态添乘与静态检测等多种方式，深入细致地检查了安全生产制度、铁路运营安全保障、设备质量保证、在建项目质量和施工安全、环境治理、职工教育培训和持证上岗等情况。通过检查，基本摸清了我国高速铁路建设、运营和管理现状，发现和督促整改了一批高速铁路安全隐患，查找出了可能影响高速铁路健康发展的问题，提出了加强和改进高速铁路安全工作的意见建议。检查中发现的主要问题是：有的高铁建设项目存在赶进度、抢工期、压缩工期现象；部分施工单位安全管理规章制度不健全、安全责任不落实；有的高铁设备和信号控制系统在产品设计、生产、安装、调试过程中存在安全漏洞；应急管理体系不完善，铁路安全法制不够健全，监管体制不够严密等。

针对发现的问题和隐患，铁道部逐一落实整改措施和责任单位，实行动态跟踪、挂牌督办、复查销号的闭环管理，确保消除安全隐患。同时，举一反三，深入查找共性问题，制定实施改进方案，全面提高铁路安全管理水平。已经采取的措施主要有：(一)适当降低新建高速铁路运营初期速度，增加安全冗余。(二)强化安全生产责任体系，狠抓关键控制，严格责任追究。(三)强化运营管理、运输组织指挥等安全措施，完善应急预案。(四)完善规章制度和技术标准体系，严格落实管理标准、技术标准和作业标准。(五)对存在安全隐患的设备实施召回，对关键零部件质量安全问题组织诊断分析和攻关整改。对甬温线、广珠线和海南东环线三条客运专线使用的LKD2-T1型列控中心设备全部进行了改造，消除安全隐患。(六)加强人员安全教育培训，建立严格的高铁从业人员准入和淘汰机制。全国高铁安全状况明显改善。

会议强调，要深刻总结“7·23”特大事故的教训，高度重视安全大检查发现的问题和检查组提出的意见，认真整改落实，全面加强薄弱环节，统筹做好铁路特别是高铁各项工作，推动高铁事业科学发展、安全发展、可持续发展。一要牢固树立安全第一的观念，正确处理速度、质量、效益与安全的关系，始终把安全作为高铁发展的首要前提和保障。科学规划并严格落实高铁建设投资规模和建设工期，合理确定铁路等级、速度目标值等核心指标，严禁抢工期以及超越批复标准提高运行速度。二要强化技术研发和产品质量管理，完善设备源头质量安全监控机制。加强科研攻关，提高高铁安全科技水平。完善产品设计、研发等审查把关机制，严格设计质量问责纠错机制和问题产品召回制度。三要健全高铁安全运营和管理机制。完善高铁试运行、安全评估、初期运营、国家验收的有关规定，严格验收程序，规范高铁开通条件。健全安全生产责任体系，强化作业现场安全管理和安全防范措施。加强高铁运行环境治理。严格高铁主要行车工种人员的准入条件，全面提高高铁从业人员素质和技能。四要强化法制，抓紧修订《铁路运输安全保护条例》，制定《铁路建设条例》。完善高铁技术和装备标准体系。五要深化铁路管理体制改革，增强铁路企业活力。

会议认为，我国高速铁路从无到有，在较短时间里建立起了研发、建设和运营体系。高速铁路改善了人民群众的出行条件，促进了经济发展。建设发展高铁的方向是正确的。我们相信，只要我们认真汲取经验教训，更加注重按科学规律办事，切实加强质量和安全管理；更加注重科技创新，不断提高高铁技术和装备水平；更加注重人才培养，努力提高人员素质和管理能力，坚定信心、扎实工作，中国的高铁事业一定会沿着科学、安全、可持续的轨道继续向前发展。

4.今天下午，铁道部分别召开党组会和全国铁路系统电视电话会议，要求全国铁路系统干部职工认真贯彻落实国务院常务会议精神，切实加强安全管理，推进铁路安全发展，更加努力地为适应我国经济社会发展、满足人民群众需求做出新的贡献。

5. 国内联播快讯

（1）《中华人民共和国年鉴》(2011)中英文版近日出版发行，本期年鉴共39个部类，300万字。根据年鉴内容缩编而成的《中国国情读本》(2012)，也将于近日出版发行。

（2）截至今天，神华神东煤炭集团2011年商品煤总量突破两亿吨，这意味着我国首个两亿吨级商品煤基地产生。

（3）截至今天凌晨6点，秦皇岛港的煤炭吞吐量首次突破了2.5亿吨，刷新了世界港口煤炭运输业的纪录，成为全球装卸量最大的煤炭输出港。

（4）中国文化艺术政府奖首届动漫奖昨晚在天津揭晓，《兔侠传奇》《四大名著》系列、中央电视台少儿频道等分获最佳动画电影、最佳漫画作品、最佳动漫传播机构等12项大奖。

6. 朝鲜已故最高领导人金正日的遗体告别仪式28日在平壤举行。朝鲜各界人士和平壤市民冒雪在平壤街头送别金正日。

今天下午，在军乐队响亮又低沉的哀乐声中，灵车从锦绣山纪念宫缓缓驶出。

朝鲜劳动党中央军事委员会副委员长金正恩、朝鲜人民军总参谋长李英浩、朝鲜人民武力部部长金永春、朝鲜国防委员会副委员长张成泽等朝鲜党政军领导人及驻朝使节和各界群众参加了仪式。

灵车在车队护卫下经过凯旋门、金日成广场等标志性建筑和主要街道，最后返回锦绣山纪念宫。据朝中社报道，灵车在平壤行驶的路线长40多公里。数十万平壤市民和各界人士向金正日遗体告别。

金正日生于1942年2月16日。1997年10月他出任朝鲜劳动党总书记，2010年9月连任。

据朝中社本月19日报道，17日金正日在视察的路上由于过度劳累，在专列上发生急性心肌梗死，并发严重心脏休克，经抢救无效于当地时间17日8点30分逝世，享年69岁。

第四节　电视新闻写作的特殊技巧——“写画面”

画面语言，是用纪实拍摄与画面编辑的手段传递直接、有效的信息，是最常用的电视语言。电视新闻，以视觉形象传递有效信息，其画面与现场是事实的再现，让观众通过“看”了解新闻事实。电视新闻既然是“让人看”的，就要让观众“看得懂”。人们思维中常用的大部分名词、概念、定义都是抽象的，以抽象为主的语言和文字在人们的思维中起了主要作用。因此，具象的画面不足以准确、细致、全面、深刻地表现新闻事实，需配以必要的语言文字。所以，在电视新闻稿的写作过程中，必须学会“写画面”。

从下面案例中，可以看出，有些新闻事实用画面无法表达。

案例：《新闻联播》之日本发生8.8级强震并引发海啸（2011年3月11日）

图5-23 《新闻联播》播放日本发生8.8级地震画面

当地时间今天下午两点46分，日本东北部遭遇140多年来最强地震袭击，震级达到里氏8.8级，地震引发海啸。截至目前，至少26人丧生，数十人受伤。

【案例分析】地震发生的时间是下午两点46分，地点是日本东北部，这些新闻要素很难在新闻中用画面表现出来，所以，画面采用了在演播室播报的镜头，这些要素要借助文字表现出来。地震的震级也是观众最为关注的问题，所以，新闻一开始就播报了地震的震级。从画面中我们只能看到马路上的行人及周围建筑物在不停地大幅度晃动，但是无论如何人们从晃动的程度看不出震级，所以，这时候“震级达到里氏8.8级”的文字补充一下子让观众明白了。

图5-24 日本8.8级地震引发海啸的新闻画面

这次地震震中位于宫城县仙台市以东约130公里处的海中，震源深度24公里。这是地震发生时，日本广播放送协会仙台分部的记者用镜头记录下的场景。

【案例分析】地震震级及波及范围也是重要的新闻事实，而这些新闻事实本身不是动态信息，缺少动感，也不具有形象感，画面难以表现。画面只能告诉我们震中位于海中，至于是哪里的海、距离地震地点的距离，这些必须借助于文字才能说清楚。

图5-25 日本东京都涩谷区避难场所画面

本台记者李卫兵：我现在是在日本东京都涩谷区的一个避难场所前面，我身后大家还在外面避难，喇叭里响的也是关于避难的广播。这次地震给日本造成了很大的影响，首都东京有强烈震感。

【案例分析】这则新闻是日本地震当天中央电视台《新闻联播》关于地震情况的报道，可以说是第一时间的报道。可是，我们看到的画面都是地震后的情况，即使前方记者赶到现场也已经是地震后的现场了。地震是突发事件，记者不能事先做好准备，所以很难拍摄到事发时的画面，这时候就看出画面的不足了。

图5-26 地震造成全面断电

图5-27 地铁站前人们聚集

图5-28 千叶县一家炼油厂起火

这次地震造成东京及附近400万户家庭断电，东京地铁及新干线暂停运行，成田国际机场关闭。千叶县的一家炼油厂在地震后燃起大火。

【案例分析】在新闻事实中事情的经过及结果有时候很难用画面表现出来。我们看一下和上面这段文字稿相配的画面，第一幅图片（图5-26）是日本电厂因地震故障断电，文字解说即是“这次地震造成东京及附近400万户家庭断电”，故障造成断电可以从画面中显现出来，可是400户人家却无法通过镜头表现出来；第二幅图片（图5-27）是地铁站前工作人员和乘客聚集的混杂场面，文字解说为“东京地铁及新干线暂停运行，成田国际机场关闭”，画面显示一定是地铁出了问题，但不知道是哪里；第三幅图片（图5-28）是炼油厂熊熊燃烧的大火，文字解说为“千叶县的一家炼油厂在地震后燃起大火”，这里的“千叶县”是对画面的补充。

图5-29　日本首相菅直人发表电视讲话

地震发生后日本首相菅直人发表电视讲话，呼吁国民保持冷静。他说，已经关闭的数所核电站暂时没有在地震中受损。

图5-30　地震造成核电站关闭

地震在日本东北太平洋沿岸引发海啸，部分地区海浪高达10米。在受灾最重的仙台市，海啸冲击了仙台机场。目前，太平洋沿岸绝大多数国家都收到了海啸预警。

【案例分析】上述画横线的表述地点的文字，是对画面很好的补充。

图5-31 地震引发强烈海啸

由上面的新闻我们可以看出，电视新闻中用画面表达新闻事实有一定的局限性，这就需要用解说的语言进行弥补。因此，在新闻稿的写作中还要学会“写画面”。

怎样写画面？我们再来看看以上案例中的新闻。

“当地时间今天下午2点46分，日本东北部遭遇140多年来最强地震袭击，震级达到里氏8.8级，地震引发海啸。截至目前，至少26人丧生，数十人受伤。”新闻一开始，并没有描述画面中看到的内容，诸如“房屋倒塌”“建筑物狼藉一片”“人们惊慌失措”等等，因为这些画面显示得很清楚了，记者只是用文字补充了画面不能提供的内容：发生地震的时间、地点、震级等，避免了与画面的可视信息重复，这样的文字稿让观众看起来能够与画面融为一体。

再看下面这段报道：

“我现在是在日本东京都涩谷区的一个避难场所前面，我身后大家还在外面避难，喇叭里响的也是关于避难的广播。这次地震给日本造成了很大的影响，首都东京有强烈震感。”

在这段报道中，前方记者就在避难所的现场，现场的画面足以表现出地震给人们造成的灾难。如果观众能从画面中获得信息，能“看懂画面”，那么解说就是多余的。所以，记者没有用过多的文字表述避难所，只是画龙点睛，点到为止。当然如果画面与文字发生“冲突”，文字要给画面让位。

知识点

1. 认识“画面”语言的不足

（1）画面难以表达人物复杂的内心活动。

（2）画面难以再现未能及时拍摄到已发生的事物。

（3）画面对未来和过去的表现受限。

（4）画面对缺少动感、没有形象特征的事物表现受限。

（5）画面对新闻要素的具体交代受限。

2. 怎样“写画面”

（1）避免与画面简单重复。

“声画对位”并不是画面有什么解说就说什么。解说是对画面的补充，不是画面内容的重复。

（2）不要与画面“竞争”。

电视以画面表达为主，解说要力争点到为止，不与画面“争宠”。

（3）不要让观众去“猜画面”。

画面解说要具体明确，只要画面不能明确展示且观众又难以判断的人或事，解说要立刻进行补充说明，如观众不熟悉的地点、人物、人物的身份地位等。如解说滞后，观众就会有疑惑。

（4）遵循视觉逻辑，让观众“进入画面”。

让观众“进入画面”，是指解说不能牵引观众的注意力，要让观众的注意力始终在画面上。通常要注意以下几点：其一，解说不宜过满；其二，解说不宜旁牵它涉；其三，解说不宜平铺直叙。

单项训练

观看近期《新闻联播》，选择其中3条新闻，分析其画面和解说表达了怎样的新闻事实。

本章小结

电视新闻以画面表达为主，但是画面的表现力有其自身的局限性，因此，语言文字对画面的补充很重要。电视新闻稿的写作要注意语言运用的特点，要力争有画面感，要做到准确、生动、具体、形象。另外，在新闻稿的写作中还要照顾观众的听觉习惯，语言必须口语化、通俗易懂、朴实自然、形象生动。

电视新闻结构分为标题、导语、主体、背景、结尾五个部分。

电视新闻标题是出现在电视新闻画面上，概括、提示、评价新闻内容的简短字幕。标题的表述形式有陈述式、概要式、因果式 、对偶式、主谓式等。

新闻导语要提炼新闻的主旨或主要事实，引起观众对新闻的兴趣和注意。导语写作时要用简练的文字准确地概括新闻中最重要、最新鲜、最富有吸引力、最有价值的事实因素。导语写作方法有概述式、描写式、提问式、评论式、背景式等。

新闻主体具体阐述新闻事实或新闻事件的来龙去脉。主体写作结构多种多样，常见的结构有时间顺序结构、逻辑顺序结构、倒金字塔结构。

新闻背景是对新闻事实进行解释、说明、补充、烘托的材料，有说明性背景、烘托性背景、揭示性背景等类型。

结尾是新闻的收尾部分，在新闻结构中，结尾可有可无。

在联播类新闻的稿件写作中，还涉及新闻提要、串联词、结束语的写作。

电视新闻稿的写作，除了上述内容的写作方法外，还要注意一个特殊的写作要求，即“写画面”，需做到以下几点：写作时文字不要简单地重复画面，应是对画面的补充；画面中一眼就明白的就用画面表现，文字点到为止；画面解说要具体明确，让观众一看就清楚；文字不能牵引观众的注意力，让观众的注意力始终在画面上。

实训项目

项目名称：围绕校园生活采制3-5条校园新闻

项目类别：基础实验（设计实验）

实训条件：拍摄器材

实训步骤：

1. 学生每三人一个小组，分工为记者（兼策划）、摄像、剪辑。
2. 各小组围绕校园生活搜集新闻线索，进行采访、拍摄。
3. 写作新闻稿。
4. 根据需要，写作内容提要、串联词、结束语等。
5. 制作成联播类新闻。
6. 根据画面修改新闻稿。

实训要求：单条新闻、联播稿件的文字稿每个小组成员都要写。

实训成果：联播类新闻节目新闻稿写作。

图书在版编目(CIP)数据

电视新闻采访与写作/田建国，任翠英主编. --北京：中国传媒大学出版社，2015.9（2020.1重印）

ISBN 978-7-5657-1291-3

Ⅰ.①电… Ⅱ.①田… ②任… Ⅲ.①电视新闻—新闻采访—高等学校—教材 ②电视新闻—新闻写作—高等学校—教材 Ⅳ.①G222.1

中国版本图书馆 CIP 数据核字（2015）第 035510 号

电视新闻采访与写作

DIANSHI XINWEN CAIFANG YU XIEZUO

主　　编　田建国　任翠英

策划编辑　程　平

责任编辑　程　平　蒋　倩

责任印制　李志鹏

封面制作　泰博瑞国际文化传媒

出版发行　中国传媒大学出版社

社　　址　北京市朝阳区定福庄东街 1 号　**邮编：**100024

电　　话　86—10—65450528　65450532　**传真：**65779405

网　　址　http://cucp.cuc.edu.cn

经　　销　全国新华书店

印　　刷　北京中科印刷有限公司

开　　本　787mm×1092mm　1/16

印　　张　12.5

字　　数　189千字

版　　次　2015 年 9 月第 1 版

印　　次　2020 年 1 月第 4 次印刷

书　　号　ISBN 978-7-5657-1291-3/G·1291　**定　　价**　38.00 元
